法学系 論文の書き方 と 文献検索引用法

池田 眞朗

金 安妮　共著

税務経理協会

はしがき

　本書は，書名通り，法学系論文の書き方と文献検索引用法に関する書物である。具体的には，「論文の書き方の理論と実践を学べる本」として構築した。とりわけ，パソコン，インターネット対応の資料検索法や引用表記法および論文作成法については，おそらく，現状で最も先端的な，行き届いた解説がついている部類の書物になっているのではないかと自負している。

　直接の読者対象は，法学部生，法学研究科生など法学系の学生・院生であるが，社会人を含む文系一般の読者に共通して役立つところも多いと思う。そして大事なことは，今や変革の時代で，「論文の書き方」もさまざまに変化し進化しているので，本書ではその社会の動態を把握しつつ，多様な世代の感覚に合わせて書こうと試みた。

　ただ，「はじめに」にも書いた通り，著者として望んでいるのは，技法の問題を超えた，論文創りの「ハート」までをお伝えする本として制作したつもりなので，読者の皆さんには，是非そこまでをくみ取っていただきたい，ということなのである。

　私が税務経理協会から本書執筆の依頼を受けたのは，もう５，６年も前のことになる。ただ，いわゆる論文作法の部分はそれなりに書けるのだが（と言ってもそれにも時代の変化はあるが），本書第２部第３部に当たる，パソコン，インターネット対応の資料検索法や引用表記法の部分は，データ処理と技法のめざましい変化についていけない部分があり，自分なりに自信を持って世に問えるレベルにならないまま日を過ごしてしまった。

　その部分に，金安妮さんという，得難い共著者を得て初めて本書は実現に向かえたのである。金さんは，現在は学部の同僚であるが，私が大学院修士・博士と指導した方である。しかも，学部では別の分野のゼミにおられながら，私の民法債権総論の講義を聴いて，専門を民法に定めてくださった方である。現在の大学では，毎年，ゼミ応募の人気ナンバーワンになる先生でもある。

両名のコラボレーションで，この分野の類書（と言っても数はそう多くないが）としては，主たる読者として想定した法学生諸君にはかなり満足していただける内容になったと思うし，一方，社会人のリスキリングを含めた論文作法の一書としても，喜んで使っていただけるものに仕上がったと考えている。

　当方の思いを込めたコラム等を含めて，まずは最後までしっかり読み切っていただきたい。そうすると，皆さんお一人おひとりの向き合い方ごとに面白い発見があるのではなかろうか。当方としても，皆さんの反応を大事に受け止めて，今後さらに改良していきたいと考えている。

　本書の成るにあたっては，編集部の佐藤光彦氏に大変にお世話になった。記して深い感謝の意を表したい。

　2024年1月

著者を代表して

池田眞朗

目　　次

第4部　論文内容の指導例

おわりに

は じ め に

(1)　立場と状況に対応した指導

　「先生，論文の書き方を教えてください」と言われると，私の作業は医師と同じ「問診」から始まる。

　「何のために書く論文なのですか」，「分野は決まっているのですか」，「長さはどのくらいなのですか」，「いつまでに書く必要があるのですか」等々。

　それらに対するお答えによって，私の指導は何通りにも分かれる。また，その中には，本書に書いてあるように，「教えてはいけないこと」もある。

　本書は，論文の書き方の理論と実践を学べる本である。直接の対象は，法学部生，法学研究科生など法学系の学生・院生であるが，社会人を含む文系一般の読者に共通して役立つところも多いと思う。そして大事なことは，今や変革の時代で，「論文の書き方」もさまざまに変化し進化しているということである。

　まずは，ゼミナールでの論文やレポートの作成のために，というところから始まって，最終的に卒業論文，修士論文へ，という読者がおられよう。そうすると，順序立てていうと，①「学習」から「研究」に移っていくために知るべきことや，②テーマ選びや論文の構成について学ぶべきことが多々ある。さらに，③書き出す前の資料集めが重要である。そして④具体的な執筆方法（ほとんどはPCを使うことを想定している）や，⑤文献引用のノウハウ・マナーで知るべきことがいろいろある。ことに最後のものは，最近非常に重要性を増している。つまり，生成AI時代の執筆者のリスクと義務，ということであり，これは，大学側にすれば，教育の質保証の問題になる。

　さらには，社会人の方で，社内の論文に応募したい，昇進のために論文が必要になった，リスキリングで最新の論文作法を学びなおしたい，などのご希望をうかがうこともある。これらについては，本文にあるように，「誰が，

何を評価する論文なのか」が重要になる。

　本書はこれらのご希望のすべてに対応しようとする，新世代の「論文の書き方」伝授の書である。

(2)　本書の構成

　そして，時代は急速に変わっている。第1部ではいわば理論編として，テーマ選びから完成までの論文作成のプロセスをお示しするが，第2部・第3部では，現状で最新の文献検索法と文献引用法を，インターネットの画面表示をお見せしながら詳細に解説しよう。

　第2部では，国会図書館や最高裁判所図書館の使い方まで書いてある。CiNiiの使い方から脚注の付け方まで，現役の学部生や院生でもここまでは知らない，やったことがないという技法がたくさんあると思われるし，社会人の皆さんには，見たこともないという内容が多々あるかもしれない。世間ではリスキリングなどとよく言われるが，文献の検索法と引用法というのは，学習すべき情報のインプット・アウトプットの基本なのである。

　さらに第3部では，第1部，第2部で学んだことをベースに，具体的にPCで論文を書くための文献の引用・表記法や，注記をつける技法までを伝授する。そこでは，PCを使用しての横書き・脚注型を基本として解説する。

　たとえば，かつて原稿用紙（論文用紙）に縦書きで手書きで書いていた時代は，多くの場合，注は巻末にまとめて書いた（長い論文だと，章ごとに，章の末尾に列記する場合もあった）。現在PCを使用して書く場合も，縦書きは基本的に同じように注は巻末にまとめるやり方をしている。しかし横書きでそのページごとに脚注をつける方式だと，注番号はPCが自動的に整えてくれるのである（縦書きでも，Wordの場合は脚注機能を使えば，脚注番号は自動的に一つずつ増えていく仕様になっている）。

　そして第4部では，形式ではなく具体的な内容に関して，（卒業論文レベルで）いくつかのアドバイスを付け加えることにしよう。

インターネット対応の論文作法の本としては，おそらく，現状で最も先端的な，行き届いた解説がついているのではないかと自負するが，ただ，幕開けに著者として望んでいるのは，技法を超えた，論文創りの「ハート」までをつかんでほしい，ということなのである。そこまでをお伝えできるかどうか，是非読者には，いくつかのコラムも含めて，最後まで本書を読み切っていただきたい。

第 1 部 論文の書き方

1 「論文」とは何か

(1) 「論文」と「レポート」の違い

本題である論文の書き方の説明は,「論文」と「レポート」の違いについて解説するところから始まる。読者の, ことに大学1, 2年生の皆さんは, この2つはどう違うと考えておられるだろうか。

いろいろな答え方があると思うが, レポートは課題が与えられているもの, 論文は課題を自分で探して設定するもの, という違いがもっとも本質的な相違である[1]。

授業の最後に課されるレポートは, その授業の全体の感想文的なものもあれば,「この授業で重要と思ったところを3点あげて記述しなさい」などの出題もあろうが, それらは皆, その授業で学んだことの範囲内での課題なのである。また, 私は以前, 学部3年生で私の民法ゼミに入るには, 1万字の「入ゼミ課題論文」というのを課していたが, これも,「物権と債権の移転」,「民法における外観信頼保護法理」などというように, 専門の民法の範囲から, 毎年変えつついくつかのテーマを与えてその中から選択させて書かせていたので, これもまだレポートの領域に入る。それらは「論文」ではないのである。

---

[1]　池田真朗『新世紀民法学の構築』（慶應義塾大学出版会, 2015年）109頁以下所収の「法学情報処理 − 民事法の文献検索・引用法と論文の書き方」を参照。なお, 以下本書には同論考に類似する記述があることをお断りしておく。

(2) 「論文」とは何か——自分で選んだテーマとオリジナリティ

　その「論文」と「レポート」の違いから，「論文」とは何かが導き出せる。つまり，論文というためには，その人自身のテーマ設定，すなわち「問題発見」「問題設定」が必要であるということになる。実はここがまず大変なのである。ことに，法律学科の学生諸君は，普段から机に向かって基本書を読んで，書かれていることを吸収してそれを答案に再現する，という能力には長けている，あるいはそういう学習には慣れているという人が多い。けれども，そういう能力では論文は書けない。私は日頃授業でよく言っているのだが，法律学科の学生諸君には，想像力と創造力，つまりイマジネーションとクリエイティビティが欠けている人が多いように思う。しかしこれが論文書きに一番必要な能力なのである。

　そして，その道のプロとしてやっていくうえでも，つまり法律関係ならば法曹三者つまり弁護士，裁判官，検察官になったり，企業法務，金融法務の実務家になったりして大成していくためにも，実はこの能力が非常に重要なのではないかと私は思っている。

　もう一つ，論文というために必要なのが，オリジナリティである。これは，卒業論文レベルであれば，独自性というより，「自己表現」と考えていただきたい。もちろん研究者の場合には，論文の着眼点にも分析手法にもまた結論にも独自性が問題にされるのだが，研究者を目指す博士修士の諸君ならばそこまで要求されるにしても，たとえば学生諸君の卒業論文で，誰もやったことのない手法で，誰も考えつかなかった結論に到達するということはまずない。

　とくに法律学の場合は，条文，判例に基づく規範学であるということから，自然科学と違って，過去の蓄積から一挙に飛躍することがなかったので，そういう分野では学生諸君が全く新しい分析手法やそれに基づく結論を導きだすことはなかなか考えにくかった（しかし最近の法律学は違ってきているの

だが[2]）。けれども，卒業論文のレベルでも，たとえ誰かの考えた手法を組み合わせるなりそれらを取捨選択するなりという作業の中にあっても，その人ならでは，という意味の独自性は出てくるはずなのである。

それゆえ私は，法律の卒業論文の場合は，自分だけの一行を，ということをいつも強調している。たとえば，実際にはゼミでは卒業論文の中間報告という形で指導を繰り返しているのでありえない話だが，私が指導する，性格も癖もよくわかっている学生たちが，名前を書かずに初めて読む論文を提出してきたときにも，私が読み進んでいるうちに，これは誰々君の論文だ，とわかるのが，自己表現のある良い論文ということになる。

(3)　「小論文」は「論文」ではない

もう一つ書いておくべきは，「小論文」は「論文」ではないということである[3]。私は，かつて大学で「法学情報処理」というオムニバス科目の幹事役を担当し，その科目のまとめとして毎年最終回に「論文の書き方」を講じてきた。そして上にも書いたことだが，そこで，「論文」と「レポート」の違いについて述べて，レポートは課題が与えられているもの，論文は課題を自分で探して設定するもの，という違いがもっとも本質的な相違であるとしてきた。

したがってこの定義からすれば，既に，課題が与えられて書き方が指示さ

---

2)　私は，変革の時代の，（法律学を超える）新しい「ビジネス法務学」を提唱している。そこでは，伝統的な静態的な法律学（出来上がっているルールを解釈することが中心）とは異なり，経営学，商学，経済学などの他の学問とも連携しつつ，世の中の動きを動態的にとらえて分析し評価することが基本となる。池田眞朗編著『SDGs・ESGとビジネス法務学』（武蔵野大学出版会，2023年），同「ビジネス法務学の確立とそのハブ構想」武蔵野法学19号（2023年）274頁（横書き53頁）以下参照。

3)　池田真朗「社会科学系の小論文の書き方」日本語学（明治書院）2015年11月号26頁以下参照。

れている「小論文」は「論文」ではないのであるが，さらにいえば，多くの場合，「小論文」は大学や大学院の入学試験で出題される。そこでは当然，「出題者が小論文で測定しようとしている受験生の資質や能力」が何か，が問題になる。したがって，「小論文の書き方」と「論文の書き方」は，内容が全く異なる。

　つまり，小論文は，入試における選別の手段である。大学入試レベルでは，資料を与えての読解力とか，文章構成力を見るのは当然として，質問に対する回答の仕方とか，さらに誤字脱字，漢字力などを見る場合もあろうし，その学部で学ぶ学問への適応力を見る場合もあろう。だから，「小論文」ではそういう，出題者の意図に則した文章を書くべきことになる。

　たとえば，法科大学院のいわゆる未修者入試の小論文の場合であれば，入試の趣旨が，法律をこれまで学んでこなかった人について，これから法曹になるための資質・能力があるかを推し量ろうとする手段なのであるから，論理性とか，規範的判断力とか，資料を与えての分析力とかを見るのである。だから受験生は，この課題で出題者が何を測ろうとしているのかをくみ取って「小論文」を書かなければならない。法科大学院未修者入試の例でいえば，そこでは，進取の精神などは評価対象になるとしても，いわゆる独自性や想像力・創造力の評価される余地はおそらく少ないと思われる（これに対して，例えばアントレプレナーシップ学部の入試で「小論文」が課されたら，そこでは独自性や想像力や創造力が大きな評価の対象となろう）。

　つまり，小論文は「その道に進もうとする人の資質や能力を見る手段」なのである。

　（付言すれば，かつて大学入試の「小論文」の出題・採点者をした経験から言えば，どの学部の入試でも，小論文の採点には，読解力，構成力，漢字力（国語力）などといういわばありきたりの基準に加えて，「上記の基準では測定できない，評価すべき印象」などという採点項目があるのが良いと考えている。たった２千字程度の小論文でも，並外れた誠実さとか豊かな情緒とか強い情念とか，そういう人間的な美点や魅力がにじみ出る文章は，百枚

二百枚と採点していくと，出会うことがあるのである。）

(4) 「社内論文」について——論文で人生が変わる

　もう一つ，企業等で課されるいわゆる「社内論文」について書いておこう。これは，大きく分けて2種類ある。社内の懸賞論文と，昇進や職種替えのための審査論文である。実はこの2つは，形式は同様であったとしても，本質において全く違うものである。

　つまり，社内の懸賞論文は，アイディアを見て人を見ない。一方，昇進や職種替えのための審査論文は，あくまでも人を見る論文なのである。だから，執筆する側のスタンスもおのずから全く異なるべきことになる。

　社内の懸賞論文は，基本的に会社のためになるアイディアや提案が欲しいのである。だから，それなりの「懸賞」をつけるが，それが昇進などにつながるかどうかは別の話である。これに対して，昇進や職種替えのための審査論文は，それを書いた「人」の能力を評価・判断するための資料なのである。だからこちらの論文は，その人の人生を変える。

　私のゼミの教え子に，ある大手のコンサルティング会社に就職した人がいた。ただ，本人はコンサルティングの研究職を希望していたのだが，実際はSEすなわちシステムエンジニアとしての採用となった。しかしこの会社には，SEから研究職への転換・登用のシステムがあり，その審査に論文が課されていたのである。卒業から4，5年もたっただろうか，思いがけずに研究室の電話が鳴って，弾むようなその人の声が飛び込んできた。かなり狭き門になっていたその転換・登用試験に合格したというのである。

　後日のご本人の報告で一番うれしかったのは，社長以下が居並ぶ最終面接で，担当部長から，「君は論文を書き慣れているね」と言われたということだった。ご本人は，私のゼミに入るのに1万字の「入ゼミ論文」を書き，毎週4,000字の課題レポートを書き，大きなテーマを扱う夏合宿の後にはまた1万字の「夏合宿論文」を書いて，さらに立派な卒業論文を書いて卒業した人である。

私としては，指導した甲斐があったと思ったし，何よりも，おそらく当時全国の法学部生の中でもとりわけ論文書きの学習を積んだ彼が，その経験を活かしたこと，そしてそれが客観的に評価されて，彼の人生を変えるところにつながったこと，を喜んだのである。

　たかが論文一本，かもしれないが，まことに，論文は人の人生を変えうるのである。

　もちろん，企業内で課される論文は，懸賞型にせよ人事選抜型にせよ，その企業が必要とするテーマが（たとえば，当該企業の「業務改善に関するもの」などという形で）与えられている場合もある。その場合は，本書の立場からいうと，「論文」よりは「レポート」に属するものもあろうが，ことに懸賞型の場合は，その範囲の中でのイマジネーションとクリエイティビティはしっかり要求されるであろうし，人事選抜型の場合は，目配り，論理力，判断力などが重視されるであろう。さらにいえば，誠実さなどの人柄も，実は論文ににじみ出るものなのである。

> ### コラム 日常の文章の書き方
>
> 　「論文を書けと言われたのですが，まず文章の書き方がわからない」という相談を受けることがある。また，大学教員や企業の管理職の方からは，「メールの文章がきちんと書けていない」という声を聞くことが近年非常に多い。論文を書くことの第一歩は，普段からきちんとした，論理的な文章を書こうとすることから始まる。たとえば，メールで報告や質問をするときに，だらだらと一つの長い文章で書いていないだろうか。メールでも，しっかり段落をつけて，報告や質問の項目が複数にわたる場合は，①②などと番号を付ける，ということを心掛けるのである。また，論理性という意味では，「原因─結果」などの関係を意識して書くこと。ただその場合も，メールで上司に報告するような場合は，読む人の忙しさなども配慮して，「理由─結論」ではなく，「結論─理由」の順序で書く（また，学生諸君の場合は，友達に書く文章と先生に書く文章は敬語も含めてしっかり書き分けること）。読み手にどうわかりやすく的確に（かつ適切に）伝えるか，というのが，良い文章を書く基本であり，日常的にその意識を持って文章を書くことが，論文を書くための第一歩といえる。

2　論文作成のプロセス①
テーマ設定

(1)　テーマと分野の違い

それでは，ここから具体的な論文作法，論文作成のプロセスの話に入ろう。まず重要なのがテーマ設定である。理系の研究室では，指導教授が研究テーマを与えるということが一般的かもしれないが，文系の場合には，ここで指導教授がテーマを与えてしまってはいけない。それでは先ほどのレポートになってしまう。

テーマ選択をする場合に，一番気を付けてほしいのは，「分野」と「テーマ」の違いである。たとえば，「僕は賃借権をテーマに卒論を書きます」と学生が言ってきたら，それはテーマではなくて，分野を限定しただけだ，と私は諭す。テーマには，問題意識が反映されていなければ論文のテーマとは言わないのである。

したがって，分野をいくら細かくしても，たとえば「賃貸借契約」としても「不動産賃借権」としても「敷金返還請求権」としても，それらはみな扱う分野を限定していっているだけで，論文のテーマにはなっていない。それがたとえば（古典的な例であるが）「賃貸借契約の解除」となれば，売買などの一回的な契約と違う継続的契約としての賃貸借契約についての解除の特殊性を論じる，という意味での問題意識がありそうだ，ということになるし，「賃借権の物権化」となれば，民法典上では債権として規定されている賃借権に，利用権の性格があることからの「物権化」という論点を扱うのだなということが明瞭になる。それで初めてテーマたりうるのである。

(2)　テーマ選びのスタンス

　その上でもう一つ言っておきたいのが，自分の身の回りに起こったことや，家族が経験したことなどをテーマにするやり方，いわば「身近なテーマ」は成功するか，ということである。これは，通信教育課程の学生などにも多いのだが，たとえば，家族が自動車事故にあったことから，不法行為の損害賠償とか慰謝料請求権とかの分野でテーマを設定しようとするなどのケースである。

　このような着眼によるテーマ選びは，その論文を書き上げようとするインセンティブが強いという意味では結構なのだが，ともすると身近なテーマ選びをする人は，対象を客観的に見られず，最初から被害者保護の角度からの議論になったりというように，自分や身内の経験からその立場の擁護を図るなどの特定の意図が働いてしまうことが多い。そうすると，当初から結論ありきの論文になったりして，客観性を失ったりするリスクがある。そのあたりは十分に気を付けてほしい。つまり，法律学の論文に限らず，論文が論文としての説得力を持ち，それなりに評価されるには，やはり分析視点の客観性，中立性が必要なのである。

(3)　変革の時代の新しいテーマ選び

　そしてもう一つ，時代が変わればテーマも変わる，ということを示しておきたい。これは，実は法律学において非常に顕著なことなのである。

　というのは，近年までの法律学は（ことに私の専門とする民法学は），出来上っているルールとしての「法律」を解釈する，解釈学の側面が非常に強くなっていた。先に上げた，「賃貸借契約の解除」とか，「賃借権の物権化」などというのはその典型である伝統的論点である。少し新しくなって「個人保証人の保護」とか「将来債権の譲渡」などといっても，判例や学説の上での論点になっている部分を取り上げるという意味では，なおその解釈学の範

疇に含まれるものといってよい。そういう意味では，法律学（民法学）という学問自体が，いつの間にか「権威」化して硬直化していたといってもよいだろう。

それであれば，イマジネーション（想像力）とクリエィティビテイ（創造力）と口を酸っぱくして言ってきても，学問自体がそれらを封じこめていることになる。

この困難な問題に，私が新規開設（2014年4月）の責任者をした武蔵野大学法学部では，法律学科の池田ゼミ（民法）一期生が，立派な答を出してくれた。彼らの卒業論文（2018年1月提出）のテーマは，伝統的な解釈学の論文もあったが（それはそれで悪いことではない。その解釈論のレベルが評価対象になる），「AIは代理人たりうるか」，「高齢化社会のリバースモーゲージ」，「電子商取引の未来」などという論文が並んだ（繰り返すが2018年の初めである。AIなどが今ほどは論じられていなかった時期である）。

彼らのイマジネーション（想像力）とクリエィティビテイ（創造力）には，拍手喝采を送ったのだが，ただ，卒業論文でこれらのテーマを選ぶには，必須の条件がある。それは，それらのテーマで論文を書くだけの，基礎になる伝統的な法律学の素養があるか，ということなのである。たとえば，「AIは代理人たりうるか」というテーマであれば，民法の代理関係のしっかりした学習が基礎になければならない。「高齢化社会のリバースモーゲージ」の場合には，同じく不動産担保法制についての十分な学習が必須になる。「電子商取引の未来」の場合には，隔地者間の契約や説明義務，損害賠償法理などの基礎が必要なのである。

これらの基礎力がないと，新規テーマはいわば「奇をてらった」だけで論文として評価されるレベルに至らないこともある。その点に十分に気を付けてほしい。

3 論文作成のプロセス②
仮説（論文で論証したいこと）の設定

　多くの大学では，文系のゼミナールは，学部3年生と4年生の2年間の継続で設定されている。私は，学部4年生で書く卒業論文の「テーマ提出」というものを，3年生のゼミの最終回にさせている。そこでは，①選んだテーマ，②そのテーマ選定の理由や動機，③そのテーマへのアプローチの方法（複数可），④現状で集めた参考文献（論文等），の4項目を，参考文献資料を含めてA4用紙に3枚程度で提出させるのである。

　つまり，あなたはその論文で何を問題にして，何を論証したいのか，を最初に表明させるわけである。その段階では，まだはっきりはしていなくても，一応想定した「解決したい問題」の設定があり，「想定している結論」があるはずである。それを取りあえず「仮説」と呼ぼう。

　もちろんこの段階では，その仮説は文字通り仮説であって，資料集めをしていくとその仮説自体が成り立たなくなる場合もあるのだが，まずそのような問題設定があって論文執筆はスタートする。だから，論文は，学術的な「創作」なのである。卒業論文レベルでも，それなりのイマジネーション（想像力）とクリエィティビテイ（創造力）はしっかり問われているのである。

4 論文作成のプロセス③
テーマ探しの技法と第一段階の資料集め

(1) テーマ探しの技法

では，どうやって，つまりどういう思考回路で，どういうツールを使って，そのテーマ選びをするのか。いよいよ本書の本題に入ってくる。

法律学の論文の場合，資料検索という意味では，この論文テーマ選択の段階で，最初の，「テーマ選択のための資料集め」が必要になる。後の話との関係で，これを「第一段階の資料集め」としよう。他の学問分野でもその状況は同じなのだが，ことに法律学の場合は，他の学問以上に，条文，判例，学説という「過去の（できあがっている）データから発想をする」という必要があり，必然的にテーマ選択段階で一定の資料集めをすることになる。

実は最近の学部生の場合，まずこれがスムーズにできない。与えられた教材を咀嚼して答案に再現することは上手にできるのに，自分で探せと言われると何もできない。これは非常に困ったことである。ことに法律学科の学生にはそういう人が多いように感じる。

つまり，勉強家ではあるのだけれど，イマジネーション（想像力）と，クリエィティビティ（創造力）の両方が欠けているのである。これでは，良い法曹にはなれないし，企業に就職しても活躍できない。お役所に就職する場合も，決められたことを決められた通りにやるだけでは，変革の時代の公務員は務まらないし，現にそういう人は採用されなくなってきている。

だから私は，「卒業論文で何を書いたらいいかわかりません」と言ってきた学生には，（実はこれはすでに私の指導教授を見ていて学んだことなのだが）「まあ頑張りなさい」と言って，何もヒントは与えないようにしている。ここで教えてはいけないのである。

(2) 社会的な課題からの選択

　では，先ほど言った身近なテーマを選ぶ人以外は，どういうところから見つけるのか。勿論，新聞記事やテレビのニュースなどにも素材はたくさんある（さらにはインターネットで見つけて，という場合もあるが，これについては後述するように要注意である）。たとえば配偶者の債務を連帯保証して離婚や一家離散に至るとか，卵子を提供して子供を産んでもらう代理母だとか，高齢者の成年後見人の財産管理とか，これらはすべて民法の領域の問題である。資金調達のための債権譲渡とかサブリースとかの，金融取引法の最前線の問題も民法の領域である。最近でいえば夫婦別姓や同性婚の問題は，憲法の問題でもあるが民法の論文にも十分なりうる。

　ただ，この新聞記事などによるテーマ選びは，一つの記事に目を止めて選ぶ，などというのはやめていただきたい（この後に述べるように，インターネットで一つ面白い記事を見つけて，などというのは論外である）。信頼できる新聞などで一つの記事を目に留めたら，少なくとも数か月か半年分くらいは，関連の記事を紙ベースでもネット検索でもいいから，丹念に調べていただきたいのである。これが，新聞やテレビのニュースなどからテーマを拾う場合の，いわば第一段階の資料集めなのである。

　そうすると，最初に目を止めた記事の位置づけや，トレンドが徐々に見えてくる。日本経済新聞などでは，社会的に問題となるテーマについては，繰り返して報道がされているはずである（なお，その引用上の注意については後述する）。それによって，その問題の複層的な見方を知ることができる。実際，その複層的な見方を獲得できないと，時事的なテーマで論文は書けない（論文にならない）ことが多いように思う。

　また，インターネットで一つ面白そうなものを見つけて，などというのは論外であると書いた理由は，後述の専門書・専門誌や大学紀要などで見つけた論文などは，それぞれがそれなりの執筆依頼や査読などを経た，一定の信頼ができる情報であるのに対し，ネット上の情報は，学術論文の転載なども

あるものの，個人が自由に作ったブログなどに自分なりの解説を載せているなどというケースもあり，情報の信憑性や質が千差万別なのである。したがって，ネットで得た情報は，うのみにせず，他の文献等で確認してからテーマ選びをしてほしい。

コラム　変革の時代の新しい学問と新しいテーマ

　ちなみに，ビジネスが目まぐるしく変わる現代においては，法律が後追いになって時代の変化に追い付けない弊害も現れる。その場合に，新種の契約を考案して，企業と企業が（あるいは国と企業が）その創意工夫をつなぐルール創りをしていく場面も現れてくる。卒業論文ではまだ無理かもしれないが，修士，博士の論文では，そのような，変革の時代に即した新しいビジネス法務に関する論文も，民法契約法の論文などとして十分に成り立つ。あるいは，民法学とか法律学とかの垣根をそもそも超えた，「ビジネス法務学」の論文も今後現れてこよう。これは社会人の読者にも期待するところである。

(3)　伝統的な解釈学的課題からの選択

　では，そういう現代的な（場合によってはセンセーショナルな）テーマではなく，いわゆる伝統的な条文解釈論で書こうとする多くの諸君はどうすればいいのか。その場合は，情報を，一般的なものから専門的なものに，順番にたどるのである。つまり，授業を聞いたりテキストを読んだりして興味を持ったところがあれば，もう一段詳しい体系書と呼ばれるものを読んでみる。そうすると，そこにはいくつか注がついている。それならば，その注に掲げられた論文を読んでみる。それで面白そうだなと思ったら，その論文の注に掲げられている論文や判例を読んでみる。いわゆる「芋づる式」の資料の探し方である。これが私の言う，（伝統的なテーマの場合の）「テーマ探しのための第一段階の資料集め」である。

　この第一段階は，読み進めて行って面白くなくなったら，また別のテーマ

で同じことをやる。こうして，一定の情報量を得たところで，なお面白いと思えるものがあれば，そこにテーマを絞っていくのである。

　なお，ここでいう「テーマ」は，まだ「論文タイトル」というまでのものではないことに注意したい。タイトルを決めるのはもっと後である。

コラム　芋づる式と投網式

　上記の，一つ一つ順に資料を追っていくのを「芋づる式」というなら，キーワードでインターネットやデータベースで検索するのはいわば「投網式」ということになろう。学生諸君は，投網式のほうが圧倒的に効率がいい，と思うかもしれない。しかしそれは，ことに伝統的な解釈学論文を書こうとするときの，この第一段階の資料集めの場合には，間違いである。

　一定のキーワードで集める資料は，玉石混交なのである。問題意識も固まっていない（つまり資料の取捨選択もできない）諸君が，大量にそういう資料を集めてどうするのか。しかも，芋づる式の場合は，「読んだ」資料から次の資料へとつながっていくので，少なくともそのプロセスの中で当該「芋づる」の論点内容は理解されていき，段階的に理解が深まっていくのである。一方，投網式は，網にかかって集まっただけではまだ何も理解できていない。投網式が有効なのは，もうひとつ先に進んだ段階で，たとえばいくつかのキーワードにかかわる判例（ないし下級審の裁判例）を集めてその歴史的展開や傾向等を調べてみる，などという場合である。

　だから，くれぐれも第一段階の資料集めで「まずインターネット」などという発想にはならないようにしていただきたい。

5 論文作成のプロセス④
アプローチの方法を考える

　テーマが決まったら，次にそのテーマに最適なアプローチ方法を考える。中には，そのアプローチ方法とテーマ選びを相関させて考える（こういうアプローチ方法が取れるのならこういうテーマが選べる，というように）場合もある。

　このアプローチ方法は，一つのテーマに対して複数あり得る。法律学の論文で一番多い，解釈論的な論文では，判例の分析とか学説の検討，立法沿革の研究などがポピュラーなものである。たとえば第1章で立法沿革を調べ，第2章で判例の変遷を調べ，などという複数のアプローチ方法を組み合わせて，論文を作っていくわけである。語学の能力にもかかわるが，比較法（外国の法律との比較）というアプローチ方法もある。

　もちろん，このアプローチ方法は，テーマによって多様に考えられる（法律学の論文でも，実際は多様なアプローチの方法がある）。上に挙げたようなよくあるアプローチ方法のほかに，たとえば夫婦別姓の是非を考える論文であれば，世代別，地域別，職業別のアンケート調査なども考えられるし，入会権など法社会学的なテーマであれば，現地調査なども考えられる。そんな大がかりなアンケートや現地調査でなくても，たとえば金融に関するテーマならば，銀行や商社に行ったOB・OGの実務家から聞き取りをするなどということは，最近はかなりの学生諸君がやっていることである。

　ここで大事なことは，テーマ設定に合ったアプローチの方法が見つかっているか，ということである。解明したい問題に対して適切な手法で迫れるか，ということであるから，テーマが具体的に設定され，それに対する適切なアプローチ方法が考えられているか，というあたりで，既に論文の成功不成功が三割方は見通せる，と言っても過言ではないだろう。

論文作成のプロセス⑤
第二段階の資料集め

(1) 核心の資料集め

さて，そこまで進んだら，第二段階の資料集めである。これが最も中心の資料集めで，文字通り論文作成の「資料」を集める作業になる。なお，資料集めは以下の段階でも継続して行う。一度資料集めをしたらそれでおしまいというのは，卒業論文レベルでも決して許されない「手抜き」である。

そこで，さきほどの判例や学説を調べるアプローチをとった場合なのだが，ここは，本書第2部の文献検索法で詳しく述べている。そこで解説される法律文献資料の検索法，データベース検索の仕方などがまさに役に立つわけである。

この資料集めの重要性は，法律学では他の学問分野以上に強調されなければならない。法律学では条文，判例，学説という，研究の前提データがあり，それを踏まえない研究はあり得ないからである。

ただ，そこで忘れずに言っておかなければならないのは，「データからの発想」ということである。既存のデータを集めて整理し紹介しただけでは論文とは呼べない。正確なデータ収集をしたうえで，そこから独自の発想をすることが法律学でも必要なのである。

(2) 資料集めをする場所——スマホではなく，図書館の再評価

それから，新世代の「資料集め」は，どこでするか，という新たな問題が出てきている。かつては，圧倒的にその場所は「図書館」であった。大学図書館や，国会図書館をはじめとする公共図書館である。いまはそれにデータ

ベースやインターネットが加わった。ことに素晴らしいのは，各大学のリポジトリ[4] と，国会図書館のデータベースである。前者は，以前は紙ベースでしか読めなかった各大学の紀要（学説の重要な情報源である）が，PCで自由に全文が読めたりコピーが取れたりするようになった。後者の国会図書館データベースは，とりわけ明治時代の立法資料など，貴重な資料が読めるようになった。

　ただ，現代の諸君は，PC（さらにはスマートフォン）とインターネットに頼りすぎているようである。スマホにキーワードを入れて，ヒットした情報を集めて，「資料集めができました」と言ってくる学生もいる。これはとんでもない勘違いである。まず，入れたキーワードの範囲でしか情報が取れないので，キーワードが違っていたり，不足していたりすれば，当然ながら十分な情報が取れていない。さらにいえば，インターネットは，示されたキーワードによってピンポイントで検索することは上手にできるのだが，そのキーワードに隣接する（しかも当該論文には重要な資料になる）情報が出てこないのである。

　だから，図書館をもう一度評価しなおしたい。近年では，図書館自体が，どこも電子媒体の利用を促進しているが，従来からの開架式の図書館のいいところは，書棚を見ていると，探していた本のすぐ近くに，思いがけずに良い資料になる本が見つかることがある。これは，ネットでは逆に経験できない，「得をした」感覚になる経験なのである。つまり，ネットでは，ピンポ

---

4)　リポジトリ（repository）とは，容器，貯蔵庫，倉庫，集積所，などの意味を持つ英単語で，ソフトウェア開発などでも使われる言葉だが，ここでは，大学や研究機関が主体となり，研究者が作成した研究や教育成果物などの電子データを体系立てて保管し公開する「機関リポジトリ」を指す。論文などのデータを，インターネットを通じて無償で学内外に提供するシステムである。「学術機関リポジトリデータベース（IRDB）」には，700以上の大学や施設が登録されている。これによって，紙ベースでは図書館によっては収蔵していない大学の紀要なども，広く入手できるようになった。ただ，収録・公開には執筆者の許諾を必要とするので，中には執筆者が許諾しないため収録されていない論文もある。

イントの資料は探せるし，一定のキーワードで拾えるものは集まるのだが，そこから少し外したタイトルのものなどは探索の網にかかってこない，ということを，しっかり記憶しておいてほしい。別の言い方をすれば，ネットで誰がやっても同じようにそろう資料は，オリジナルな論文を書くには足りない資料であるということもできよう。

(3) インターネットでは足りない理由——ことに法律学の場合

さらにいえば，法律学の場合は，とりわけインターネット依存ではいけない理由があることを書いておきたい。理由は明瞭である。データ化されていない（つまりインターネットで検索しても出てこない——たとえ存在はわかったとしても中身が読めない）重要な資料がかなりあるからなのである。それは，たとえば国内法に限っても，明治期以来，紙媒体文化で形成されてきた法律学の，いわゆる「本」（体系書，論文集など）の情報が，ある意味では当然のことながら，一部を除いてデータ化されていないのである。もちろん例外もあって，非常に初期のものは逆に紙媒体のもの自体が希少なので，国立国会図書館などでデータベース化してくれている（たとえば，民法で言えば，ボワソナード旧民法典が施行延期になるいわゆる「法典論争」の頃の，延期派，断行派の議論の載った書籍や雑誌は国会図書館のデータベースで読める）。しかし，その後大正，昭和と形成されてきた学説などを追う場合は，まさにその体系書等の書籍がネットでは読めないのである。

同じ社会科学系でも，経済学や経営学などでは，（経済学史の論文などは別として）古い情報が陳腐化するため，重要資料がネットで集められないケースは相対的に少ないと思われる。けれども，法律学の場合は，たとえばある条文が明治時代から変わっていなければ，それに関する当時からの判例も学説も，なお生きている情報源として意味を持つのである[5]。

---

5) だから，たとえば明治時代の大審院判例でも，論文執筆の情報源としてなお必要

　だから，法律学の場合はことに，インターネットでは重要な資料が集められない（読めない）というケースが出てくる。こういうあたりも，いわゆる法律解釈学関係の論文を書く人は特に注意して，「紙媒体のオリジナルに当たる」ことの重要性を再認識しておいていただきたい（特に，研究者の退職や還暦，古稀などの記念に編まれた「記念論文集」というものは，重要な論文が掲載されていることも多いのだが，ほとんどがデータ化されていない）。

(4)　図書館資料の借り出しとコピー

　なおここで，もう一つつけくわえておきたいのは，大学図書館などでの参考文献の借り出しとコピーについてである。かつては，図書館で判例や雑誌論文をひたすらコピーして資料をそろえるやり方が一般だった。それが今日では，コピーの手続きが少し面倒になった（法の要請で，簡略なものだがそのつど複写申請書を書かなければならない）のと，学生諸君がコピー代を節約するようになったのと，インターネットやデータベースでデータで集めたものをPCに保存することが多くなったので，コピーをする量は明らかに減っている。

　ただそれで一つ弊害として現れてきているのが，図書館の書籍の長期貸し出しである。法律学などでは，テーマによっては必読の文献となるような専門書もある。そうすると，各図書館には貸出の期限が定められてはいるものの，以前であればその専門書の必要部分をコピーして借り出さないで返却していたものが，一人の人に一定期間独占されるようになる。卒業論文執筆の季節などには，大学図書館ではなるべく長期に独占しないようにしていただきたいものである。

な場合もある。そういう場合には，カタカナ交じりの文語体の判決文や論文も読めなければいけない。それが読めないのは，理科系の学生が実験データを読み取れないのと同じなのである。

(5) コピーする際の注意——出典のメモ

ここで一つ具体的な注意をしておこう。古い雑誌論文とか判例集をコピーするときには，必ずコピーの最初の一枚にでも出典を書いておく癖をつけてほしいのである。

最近の法律雑誌などでは，欄外に雑誌名と号数，頁番号，場合によって雑誌の刊行年月などが書いてある。けれど昔のものにはそれがないものがほとんどなのである。したがって，コピーを取った時は，雑誌名，巻号，刊行年などを最初のコピーにメモしておく必要がある。そうしないと，その資料を論文に使って，いざ注を付けるときに，どこから取ってきたものかが分からなくなってしまう。大審院や最高裁初期の公式判例集のコピーをする場合も，必ず巻や号をメモしておくようにしよう。

これは，書籍の一部をコピーするときも同様である。必ず著者名，書名，出版社，出版年をメモしておくこと。そうしないと，後で論文中に引用するときに正確な引用がつけられなくなる。そのメモが面倒な場合は，コピー代が一枚余計になるが，本文の必要なページと一緒に「奥付」（おくづけ）のページをコピーしておくといい。

(6) 集めた資料は「読めて」いるか

さて，もう一つの問題は，集めた資料は読めているのかということである。かつてコピーを大量に取っていた時代も，コピーを取って安心してしまい，ろくに読んでいないという場合もあったが，ネットで集める時代になって，その，集めた資料を（しっかり）読んでいない人がさらに増えているように思われる。

というのは，紙媒体の場合，コピーを取って，必要な部分にマーカーで線を引いて読み取り，パンチで穴をあけてファイルに閉じる，という作業まですれば，かなりのことが頭に入り，また，調べ返すのも比較的簡単にできる

と思うのだが，データでPCに保存しただけの場合は，一度画面で読んでファイルで保存したというくらいでは，理解度が浅く，かつ紙のコピーにしたのと同じ速度では再読できないように感じるのである。

たとえば，ゼミでの質疑応答を見ていても，紙のコピーを手元にそろえている人と，PCに入れている人に議論をさせると，PCの人は資料探しに手間取り，その場で資料に沿ったディベートができないということが非常に頻繁にある。

したがって，図書館で大学紀要掲載の論文をコピーするのと，自宅からその大学紀要をリポジトリで探してデータをファイルで保存するのと，どちらがよいかといえば，時間は後者の方が圧倒的に早くお金もかからないのだが，読んで理解して自分の論文に引用する，ということになると，前者の方に軍配が上がるように思われる（そもそも紙媒体の場合は，長い論文を全部コピーするとお金がかかるので，内容を読みながらコピーするページを限定する。けれどリポジトリその他からPCに保存する場合は，論文丸ごとを——しっかり内容を読まないままに——保存してはいないだろうか）。PC保存派の諸君には自戒を求めたいところである。

コラム　法律学の学習順序——まず条文，そして判例

　それではここで，次頁から述べる法律学研究の情報源の話を少し広い角度から補充しておこう。

　法律学において，情報の重要度，あるいは学習の順序ということでいうと，まず条文，そして判例，というのは本当に当たり前のことなのである。それが，いつのころからか我が国の法律学では，学説が異常に偉くなってしまって，条文や判例を押しのけて学者が偉そうに学説の争いを説く講義が行われるようになった。私は，学生時代から，そういう授業の受け売りで法学部生たちが僕はＡ説だ，私はＢ説でいく，などと議論しているのを，違和感を持って見ていた。つまり，みんなよく勉強していてすごいのだけれど，法というものは，世の中の紛争を解決するための，あるいは事前に紛争が起こらないようにするためのルールなのだから，そのルールがどうなっているのかを素直に勉強していけばいいはずのものであって，ある大先生がＡだ，別の大先生がＢだ，と言っているのを覚える学問ではないはずだ，と考えたのである。つまり，紛争解決のためにまずどういう法律のどういう条文が使われるのかを探す，次にその条文のルールで足りないところを判例がどう埋めているのかを調べる[6]，これが素直な，そして正しい，法律の勉強の仕方なのである。

---

6)　判例の学習法について付言しておこう。判例解説書の中には，解説担当者が詳細な学説の紹介をしていて，判例の学習よりも学説の学習になってしまうものもあるので気をつけたい。正しい判例学習は，最高裁判決の結論を覚えるようなものではなく，事実関係から紛争となった経緯を理解したうえで，一審・二審の判断を読み，最高裁の判旨を学び，その判決の，出されるに至った背景や，判例法理上の意義，位置づけなどを学ぶのである。そのようなプロセスで解説している判例解説書の例として，池田真朗＝片山直也＝北居功『判例講義民法Ⅱ債権〔新訂第３版〕』（勁草書房，2022年）を挙げておく。

7　変革の時代の法律論文の情報源
——法令（条文），判例，学説

（1）　まず法令（条文）の時代

　法律学固有の話になるが，論文の資料になる情報の源はどこにあるかということを書いておこう。

　20世紀の終わり頃，つまり1990年代くらいまでは，法律全般，ことに民法のような基本法はそれほど頻繁に改正されることがなかったため，前のコラムに書いたような解釈学偏重の時代が続いていた。学生諸君は，大学入学の際に購入した六法が，大方卒業まで支障なく使えた時代である。それに比べると，2020年代は，法律も頻繁に変わる変革の時代になっている。六法は毎年買い換えないと，期末試験で思わぬ間違いをする時代になった。

　そうなると，法律論文の情報源としても，学説偏重の時代から，まずは最新の条文，あるいは改正されて施行待ちの法律の条文を把握するべき時代に変わった。そうなると，ひと昔前にはなかった，立法担当者の解説書や，立法担当者が法律実務雑誌などに寄稿する解説論文などが，情報源として重要になってくる場面が出てくる。

　さらには，先ほど，インターネットのブログなどには要注意と書いたが，法改正を迅速・的確に把握するには，法務省や経済産業省など，その法律を管轄する省庁のホームページで改正の趣旨などを確認することも重要になってくる。ここでは，インターネットは積極的に活用していただきたい。

　また，最近では，たとえば卒業論文の執筆中に国会で改正法が成立したりすることもある。こういうケースでは，インターネットよりも新聞報道が正確で速い場合もあるし，情報収集のアンテナを多方面にしっかり張っておく必要がある。何より，古い条文で論文を書いては大きな「間違い」となって，

論文が意味を持たなくなることもあることに注意したい。

(2)　情報源としての判例・学説の正確な引用

　法律学の論文で伝統的に情報源となるのが判例と学説であるが，この判例・学説の正確な引用法は，本書第３部をしっかり勉強していただきたい。特に法律学の場合は，他の学問と異なり，判例や学説の文章を一字一句変えずに引用するという特徴がある。これは，文学などで，文章をそのまま引用してはいけないと言われることと全く正反対のことなのだが，この点を誤解しないようにしていただきたい。というのは，法律学，ことに解釈学においては，判例や学説の論理を検討する場合に，検討の対象としての判例や学説については，その理由付けや価値判断を正確に提示してから分析し批判するのであって，その際に分析対象の資料を勝手に要約したり言い換えたりしてはいけない，ということなのである。

　だから，分析する対象は，誰がどこに書いた文章かを正確に注記する必要がある。その場合は，引用文の最初と最後に鍵カッコをつけて，注記はたとえば池田眞朗「論文名」掲載雑誌名，何巻何号何頁，と頁まで引用する。また，その学者の学説をたとえば肯定説のグループとか折衷説に属するとかの評価をしたうえで紹介をするような場合には，正確な引用ではなくその説の出典の文章を執筆者がまとめて記述する形になるだろうが，そういう場合には，引用文の鍵カッコはなくなるが，そのまとめた文章の最後に注を付けて，注記の末尾には何巻何号何頁参照，と「参照」の二文字を加えるのである。

　このような正確さは，解釈学の場合は必須であると理解していただきたい。

(3)　形成途中の「判例」と「裁判例」について

　一般に判例については，法律審としての最高裁の判断が出て，裁判所の法的評価が定まっているといえるものを「判例」と呼び，高等裁判所までのい

わゆる事実審の段階の判断しかないものを「裁判例」と呼んで区別するのが，正確な取り扱い方とされてきた。そして，事実審までの裁判例しかないものは，個別事案についての判断なので，「判例」として一般化してはならず，論文でも最高裁判例を中心に引用するようにと指導されることが多い。

　もちろんそれは間違いではないのだが，今や変革の時代で，その形成途中の判例法理を問題にする論文も当然にありうる時代になった。たとえば，LGBTや同性婚についての論文の場合は，2023年末の段階で，民法には同性婚を認める規定がなく，認める最高裁判決もないのだが，地方裁判所の判決では，これを「違憲」とするものや，「違憲状態」とするものがすでに現れている。そうすると，同性婚をテーマとする論文では，当然に，このような下級審裁判例の動向を取り上げて分析する必要が出てくる（なお最高裁でも，同性「事実婚」カップルも法的保護の対象とし，一方の不貞行為に対して損害賠償を請求できるという決定が出ている。最（2小）決令和3年3月17日LLI/DB判例秘書登載）。

　このようなテーマで論文を書く場合は，下級審裁判例の引用は当然であるばかりか，論文制作中に新しい裁判例が出る（場合によっては新しい最高裁の判例が出る）ということも十分にありうる。こういうケースでは，判例雑誌は登載が間に合わないので，新聞記事に注意をする必要もある。

コラム　引用すべき資料の「格」

　この先，注についての解説でも述べるところだが，授業のレポートのレベルなら，その授業の先生の書いた本を引用するというのはごく普通のことかもしれないが，卒業論文レベルになると，引用してよい資料とそうでない資料はわかれてくる。いわゆる入門書の類は，研究論文の参考文献として引用すべきものではない。たとえゼミの指導教授の本であっても，初心者向けに書いた本を卒業論文で引用されたら，先生のほうが困ってしまう。学説を引くのであれば，その論点を専門とする学者の，その議論のレベルにふさわしい論考等を引くべきである。これも，学習から研究へ移っていく過程で知るべきことである。

8　一次資料と二次資料

　もう一つ，資料の扱いということで必ず言っておかなければならないのが，一次資料と二次資料という話である。一次資料というのは，そのもともとのオリジナルな資料のことをいう。判例にしろ，学説にしろ，他人がダイジェストした二次資料を引いてはいけない。

　その理由は，ひとつには学問的な姿勢として，最初に出された説や見解などを大事にしなければいけないということである。もう一つは，二次資料の場合，必ずしもオリジナルの通りではない，ということである。たとえば学説については，オリジナルのニュアンスが引用者によってかなり変えられてしまっている場合もある。オリジナルの論文を読んでみたら，相当違うことが書いてあるなどという経験を私も何度もしたことがある。判例の事実関係でさえも，判例解説書の，解説執筆者による要約では，解説者ご本人の問題意識で事実関係がピックアップされていて，大事な事実が抜け落ちていることもある。判決文も，その要旨がダイジェストされたものを引いてはいけない。結論に至った価値判断の重要な部分が見えにくくなったりしている場合が多くある。

　ついでに言うと，判例データベースも盲信してはいけない。PDF収録のものでない限り，テータベース作成会社による変換ミスがあったりするし，何よりも，データベースはオリジナルの判決書通りではないのである。判例雑誌でも個人名は仮名となっているが，データベースではなおのことプライバシー保護などの見地から，当事者名が一切載っていないものもある。しかしプロ的にいうと，当事者が金融機関とか信用保証協会とかがわかるだけで，紛争の性格がつかめるものもある。資料の評価は奥が深いということも知っておいていただきたい。

9 論文作成のプロセス⑥
論文構成（章立てを考える）

　そこで話はようやく論文の書き方に戻る。資料を読み込んで行ってある程度論文の書くべき内容が見えてきたら，論文の構成を考える。いわゆる章立てを作るわけである。ただ，ここにも各人の論文で何を論じようとするのかの意識が見られなければならない。序説で論文の問題の所在を書き，第1章で判例法理の展開を書き，第2章で学説を分析し，などと，章立てをただ形式的に作っただけではだめで，その章で何のために何をやるのか，というところまでを意識して章立てを作らなければならない。

　そして，各章の記述で，設定した問題の解決が一歩一歩進んで行って，最後の章の結論に結びつくという形にならなければいけないわけである。したがって，この章立てが一応できると，その各章で書くべき内容にしたがってまた資料を読み込み，その結果足りないとわかった資料をさらに集める，という作業が繰り返されていくということになる。

　つまり，論文構成は，「形式を整えるのではなく，論証の手順を示すもの」でなければならない。だからここに執筆者の論理性が示されることになる。最初に設定した「仮説」を，どういう順番で，どういうデータを調べて，検証し論証していくのか。法学系の論文でも，本当に良い論文には，読者がわくわくするような，推理小説のような論証手順が用意されているものなのである。

　それゆえ，友達が皆判例分析をしているから私も，などというのはもってのほかで，それを行うことがその論文の論証にとって有益である，というものを選んで構成していくべきなのである。

10 論文作成のプロセス⑦
論点メモ・あらすじ作成（注もメモする）
⇒第3部参照

　さて，これでいよいよ論文は執筆段階に入るのだが，ここでも重要な注意事項がある。それは，ここではまだ書き始めない，ということである。昔はここで原稿用紙が出てくるので話がよりはっきりしていた。つまりこの段階ではまだ原稿用紙のマス目を埋めはじめてはいけない，ということなのである。

　では何をするのかと言えば，それそれぞれの論旨のポイントになるメモを作り，またそれがたまってきたら，各章の「あらすじ」を書いてみよう，というわけなのだが，この段階がパソコンになって一番楽になったところなのである。

　というのも，かつては（手書きの時代の話であるが）この段階で，ノート派とカード派が分かれていて，メモ書きをいわゆる大判（今でいうB5判）の大学ノートに書き込んでいくのか，B6とかA5くらいのサイズのカードに作っていくのか，という話になった。ノートのほうが散逸しにくい，でもカードのほうが後で使う順番に並べかえやすい，などということで好みが分かれた。

　けれど今は何のことはない，ただ使っているパソコンに次々に打ち込んでいくだけである。あとで順序の差し替えなどは自由にできるのだから，昔と違ってこの段階が大変楽になった。古い世代にとっては羨ましい限りといえる。ただそれが，論文構成を「雑に」している傾向に結び付いていることは否めない。

　実際，今でもシニア世代では，学生時代からのカード式論文作成法を続け，推奨している人も少なくない。その人たちは今でも，手書きのメモを多数のカードに思いついた時にどんどんメモしていって，そのたまったカードを机の上とか，より広い，部屋の床などにトランプやかるたのように撒いて，そ

れを自分の考えた順番に拾っていくのである。なんとアナログな，と思う人も多いだろうが，ご本人たちに言わせると，画面スクロールではこのかるた取り作業がスムーズにできない，床いっぱいにも撒き散らした方が，一度にすべてのカードに目配りができる，というのである。実際，その人たちは手元に一枚一枚集めながら頭の中でストーリーを確かめているわけで，PC画面での並び替えよりも論理構成が緻密かつ丁寧になる感じもある。

　もちろん，カード派はその並べたカードに沿ってそこからPCで打ち込んでいくことになるのだろうから，やはり最初からワードなどで打ち込んでいくことの方が手間はかからないのだが，それだけ，今の人のほうが文章整理が雑になっている傾向がある。学生の卒論などでは，これはただ調べた順につなげただけで，論理的には順番を入れ替えるべき文章があるなと感じるものも多い。それでは，不用意に原稿用紙のマス目を埋め始めてしまったケースと同じことになるのである。

　それからもう一つ，これが非常に重要なことなのだが，PC執筆の場合，この資料集めで一番気を付けなければいけないのが，インターネット上の文章のコピーアンドペーストなのである。

　他人の書いた文章をそのまま持ってきて自分の文章のように書いてはいけない。これは著作権侵害である。また，教育の世界では，たとえ許諾を得たからといって，先輩の論文を写していいというわけにはいかない。注意したいのは，わざとではなかったといっても，このメモ作りの段階で，いろいろなホームページやブログから引いてきた文章をメモに貼り付けて，あとでそのまま自分の文章に混ぜ込んでしまうということが容易に起こりうるということなのである。普段から，地の文つまり引用部分でない文章については，自分の言葉で書くことを心掛けてほしい。

　それから，法律特有の話として，判例や学説を一字一句変えずに引用するということがあるが，これは全く別の話である。これについては後で「注」の説明のところでまとめて解説しよう（第1部11，15参照）。

　その注についても，本文のメモを作るこの段階で，必ずメモを作っておい

ていただきたい。後回しにしておくと，後で苦労してまた資料を探し回る羽目に陥ることになる。

コラム　真似る意識

　論文の内容について人真似をしてはいけないが，注の付け方や注の表記法については，優れた先生の論文を真似ることは絶対お勧めできる。

　私は大学院生の頃，指導を受けた先生方の論文の注の付け方や注の表記法を徹底して真似た。中でも，明治法制史の泰斗と言われた手塚豊博士は厳格な指導で知られ，提出した論文やレポートが添削で真っ赤になって返されるという評判だった。それならば，せめて注のところは赤字がないようにと，私は手塚先生の多数の論文を読み込んで，どういうところにどのような注を付けるのか，その表記法はどう統一するのか，を詳細に調べ，それを徹底して真似るようにした。

　ことに，その時代の法制史研究では，発見した資料の出典をわざと書かない学者がいて（情報を独占して研究に参入されないようにしていたのだろう），手塚先生はそれを厳しく批判し，すべての資料を所在まで公開したうえで，誰が最初に論じたのかという，学説のプライオリティを尊重して詳細に注記していた。また，一次資料と二次資料についても厳しく指導され，孫引き（つまり誰かの二次資料を引用すること）を厳しく諫められ，必ずオリジナル（一次資料）を確認して引用するように指導されていた。

　私が修士２年で履修した手塚先生の大学院の授業は，１年間の最後に，自由なテーマで法制史の論文を書いて終わる。私は民法専攻の院生だったのだが，指導教授の内池慶四郎先生から，私の研究手法（ボワソナード旧民法からフランス民法まで，日本の民法典のルーツをたどって，それを現行民法典の解釈のひとつの根拠にする）を確立したければ，手塚先生に法制史の論文作法をしっかり教わってきなさい，と指示されている。

　いい加減なことはできない。私は，当時の法学部研究室の中にあった資料室で，手塚先生が蒐集したらしい未検討のおびただしい資料（史料）を調べ，その中の一つで論文を書いたのである。恐る恐る提出したその論文の第一稿は，幸い，内容も先生のお眼鏡にかなったのだが，それよりも私は，注記の部分にほとんど赤が入らなかったことにほっとしていた。

　加えて，修士2年で法学部の助手採用試験に合格した私のために，先生はこの論文を翌年4月の，つまり研究者として採用された最初の月の法学部の紀要に，研究ノートとして掲載をしてくださった。それが「司法省御雇外人ジュール・ジュスラン」法学研究（慶應義塾大学）48巻4号（1975年4月）である。これが私の，大学紀要デビュー論文となった。

　たかが注，ではない。注記法を真似ることが人生の道を開くことさえあるのである。

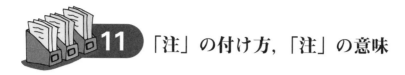 **「注」の付け方，「注」の意味**

(1) 注の重要性——注で論文のレベルがわかる

　注の技術的な「付け方」については，第3部文献引用法で詳細に解説がされているので，ここでは，注記の意味について解説しておこう。

　私は，法律学の論文の注について，マナー・エチケットのレベルからそれ以上のはるかに重要な意味までを持つものと書いたことがある。

　論文では注は非常に重要なのである。どのくらい重要かと言えば，これは私個人の意見ではなく，大学教授など，プロの教員の常識と言ってもいいのだが，たとえば卒業論文でも，修士論文でも，提出を受けた教員は，本文ではなくまず注を見るのである。なぜならそれで，大方の論文の水準がわかるからである。

　その分野のプロフェッショナルの教員であれば，注を見ることで，使っている資料のレベルがわかる。そうすると，本文で論じている内容のレベルも見当がついてしまうのである。だから，注に使ってはいけない資料もある。たとえば，卒業論文で，その論文の指導をしてくれたゼミの教授の著作を引用する学生をよく見かける。それは，指導教授に敬意を表してくださっているのかもしれないが，注に上げてよいものとそうでないものがある。たとえば，私の例でいえば，『民法への招待〔第6版〕』（税務経理協会）や，『スタートライン債権法』〔第7版〕』（日本評論社）などは，有難いのだが，多くの場合，引いてはいけない。なぜなら，それらは，いわゆる入門書であって，初学者に学習の関心をいざなう書籍なのである。したがって，たとえば，「ごく一般に○○と言われる」などという文脈で，その記載例として，前提となる共通認識を示している例として引いてくださるのであればまだ構わないの

だが，それを学説の出典として引いてはいけない，というわけである。

(2)　出典の注

　注の機能として一般に理解されているのは，出典を明示するための注である。ことに，法律学の世界では，通常，注のついていない論考は「論文」とは呼ばないというくらい，出典の注記は必須である。これは，法律学（ことに法律解釈学）が，文学系の諸学以上に，言葉の用語法と文章表現に厳密性を求め，判例や学説の引用について厳格なルールを持っているからである。この注の付け方については，本書第３部で詳細に解説しているが，たとえば，判例を引用する場合はその引用部分は一字一句変えずに引用し，どこからどこまでが引用であるかを鍵カッコで明確に示す。学説を引用する場合は，①一字一句変えないで分析の対象とする場合は，文章を鍵カッコでくくって，誰の論文の雑誌名，何巻何号何頁と注記するし，②学説のニュアンスを引用者がまとめた場合は鍵カッコではくくらず，引用部分の最後に注を付けて，出典は，誰の論文の雑誌名，何巻何号何頁参照，と注記するのである[7]。こういうことからしても，「小論文」は「論文」とは全く別のものと位置づけざるを得ないのである。

　これが読者に対する法律学者からの最初のメッセージである。

(3)　注のもう一つの機能——補足の注

　もう一つ言っておきたいのは，論文における注の機能である。一般に注と言えば，もちろん出典を明示する役割が大きいのだが，もう一つの注の機能としては，本文の流れからすると少し細かくなりすぎるのだが有益な記述で

---

7)　さらにこれら以外に，新聞記事での発言の引用の仕方とその謙抑的な姿勢などについては，日本学術会議法学委員長として書いた，池田真朗「研究倫理と悪意—法学者のエッセイとして」学術の動向2014年８月号76頁以下参照。

あるとか，若干論旨から外れるのだが言及しておいた方が良いという記述について，本文ではなく注で書いておくというやり方がある。

　これが，いわゆる「補足の注」である。プロは，たとえば本論に書き込んでおいた，必要な文章なのだが，それがあると若干論旨が見えにくくなる，などという場合に，それを注に回すことを「（本文から）注に落とす」という表現をすることもある。

　これができると，たとえば，我々が卒業論文を読んでいるときに，その執筆者が意図的に「注に落とした」と思われる文章を発見したりすると，採点者としては評価を高くするのである。なぜなら，「補足の注」が適切に付けられるということは，その執筆者が論文で表現したいことを正確に自分のものとしていて，またそれを評者に伝える最善の論理を工夫できている，ということだからである。

　博士論文，修士論文ではもちろんのことなのだが，願わくば，卒業論文でも，適切な「補足の注」が付けられるレベルに至っていただきたいものである。

コラム　経済学や理系の論文の注記

　上記のように，法律学では，著者（筆者）名，論文名，掲載誌何巻何号何頁と細かく注記するのだが（詳細は本書第3部の文献引用法参照），これが経済学や理系の論文では，例えばikeda,2023などと著者名と論文公表年のみが引用され，論文の末尾の参考文献一覧でその引用論文名が表記される，などというやり方が多い。これは，それだけ法律学（ことに解釈学）では，文章表現の細かいところまでが分析・批評の対象になっているからである。

12 統計資料やグラフの使い方

　もう一つ，統計資料やグラフの使い方にも触れておこう。経営学や商学などでは，統計資料やグラフを頻繁に使うことがある。近年では，法律学の論文でもそういう資料を使うものも出てきている。その場合も，当該資料を掲記する際には，必ず出典を明示すること。自ら実施したアンケート調査の結果などは別にして，他者・他機関の統計資料やグラフにはもちろん著作権が及ぶ。雑誌論文などの出典には敏感でも，この統計資料やグラフの利用の際に出典を十分に明示していないものも目立つ。ここはしっかり留意していただきたい。

　そしてもう一つは，「いつの統計資料であるか」が重要になるということである。必ず執筆時点で最新の統計データを使うように努めなければならない。ことに，直近のデータで変化の傾向が大きくなっているようなケースでは，古い資料を使うと，それに基づく論旨が説得力を欠いたり，結論が不適切な方向に向かってしまうことさえある。

　そのようなリスクもあるので，統計資料は，最新のものを使い，時期の明示（○○年度版などとか○年○月○日発表，など）を必ず行い，かつ，誰が（どういう機関が作った）資料かをきちんと明記する必要がある。

13 論文作成のプロセス⑧
下書き

(1) 序論はいつ書くのか──「二度書き」のすすめ

さあ，これでいよいよ論文の下書きをする段階にたどり着いた。

この段階で，論文のどこから文章化していくのか。たとえば，読者の方の考えた論文構成が，序論→第1章→第2章→第3章→第4章→結論，という構成になっているとしよう。あなたはそのどこから下書きの文章にしていくのか。

多くの場合，序論から，という人と，本論の第1章から，という人があるだろう。論文創りの一つのポイントは，この「序論」をいつ書くか，ということなのである。

私のアドバイスは，「序論は最初に書いて最後にもう一度書き直す」というものである。その理由は，①やはり自分の考えた論文のストーリーを明瞭にするためには，序論を書いてみる必要がある。②しかし，この段階で立てた論文のストーリー（たとえば，ある仮説を立ててそれを論証して結論に至る）は，まだ未成熟な予測であって，今後書き進むうちに変わってくるかもしれない。③それゆえ，最初に書いた序論は仮の序論として考え，本論を第4章から結論まで書き上げたところで，再度読み直してから，序論をもう一度，出来上がる論文の流れに最も則した内容に書き直すのである。

(2) 「下書き」の意味

さて，下書きである。と言っても，昔はここで，手元のカードを並べなおして文章に作っていったわけだが，今はただ画面の上でメモをつなげていく

だけの作業である。それで大変な勘違いが起こるのである。

　いいですか，作っておいたメモなどを画面の上でつなげたものは，決して完成原稿ではない。ただの「下書き」なのである。この段階のものを平気で完成論文として提出してくる学生がいるが，とんでもない話というべきである。

　まず，私のアドバイスは，「その下書きを一応全部紙に打ち出してください」，ということなのである。良い論文にしたいのであれば，ここで紙代がかかるとかインクがなくなるとかの不平は言わないこと。パソコンの中のデータのままではいけない。スクロールしながら画面を読むだけでは，ちょっと前の記述に戻りたいなどという作業が，紙ベースのものほどスムーズにできない。その結果，論理の推敲が不十分なままになるのである。

　だから私の続くアドバイスは，「その打ち出したものを持って，図書館に行ってください」ということになる。ここがポイントなのである。

(3)　下書きにも注をつける

　昔，手書きの時代には，とにかく本文を書くのが大変だったので，下書きでは注までは詳細に書かない例も多かった。しかしパソコンの時代になって，注番号も自動で増減できるのだから（本書第3部98頁以下参照），下書きの段階から注もしっかり付けておくべきである。それを読み直してこそ，先に述べた「補足の注」の必要性も見えてくる。注まで含めて論文なのである。

　それに，最近修論や卒論を指導していて一番心配なのは，（故意かどうかは別として）注の付け方が少なくて，本来，あちこちの先行論文をつなげてまとめただけの文章なのに，その執筆者自身の見出した見解のように見えるものがあることである。これは，本章45頁にも記述しているが，場合によると，剽窃として不正行為に認定される可能性がある。そういうリスクを避けるためにも，下書きから注記もしっかり付けておく方がよい。

論文作成のプロセス⑨
第三段階の資料集め
——優秀作と駄作の分かれ道

　ここが非常に大事なノウハウである。読者の皆さんが書き上げたと思った
のはまだ立派な「下書き」なのである。だから，図書館に着いたら，静かな
席で，その下書きをもう一度読んでいただきたい。そうすると，論証の足り
ない部分や論理の運びの稚拙な部分が絶対に何か所も目につくはずである。
そうしたら，迷わず，もう一度それらの部分についての資料集めをするので
ある。この，私の言う第三段階の資料集めが，学生の論文のレベルでも，確
実に優秀作と駄作とを分ける。

　真面目に論文を作ってきた人なら，下書きを読み返した時に，必ず「ここ
までできた」という実感と「ここまでしかできていない」という実感が交錯
するはずなのである。ここでする第三段階の資料集めが，しっかりした論文
を仕上げる必須の作業だと私は思っている。

　そこまではできない，と思った読者へ。ラーメン屋の主人が新しい商品を
出すとき，味見をして，まだちょっとイメージと違うな，と感じた時，その
まま出しますか。いいえそんなことを言われても私はプロではないので，と
いう読者へ。あなたが書道好きで展覧会に作品を出すとき，まだ気に入らな
いところがある作品をそのまま出しますか，それとももう一枚書いてみます
か。論文の書き方だけではない。人生，優秀作と駄作を分ける瞬間はどこに
でもある。

　いったんは見つからないと思った資料も少し工夫をしてやり方を変えると
見つかる。図書館情報学ではそういうことも教えてくれるのだが，自分の中
の問題意識が高まると，第二段階の資料集めの時とは違ったアプローチがで
きて，必要な資料にたどり着けるということがあるのである。それらの資料
を使って，論文は完成に向かうわけである。

15 「研究倫理」とは
——「他人の文章」を写してはいけない！
（コピーペーストをしていいのは判決文と「引用文」だけ）

　さて，ここで読者の皆さんに「自覚」を促す話を書いておく必要がある。論文にしても教科書にしても，それはいわゆる「著作物」であって，「著作権法」という法律によって「著作権」が守られているのである。

　だから，人の書いたものを自分の文章にそのまま使えば，それは盗用であり，著作権侵害なのである。大学の授業のレポートの段階でも，他人の書いたものを丸写しして提出すれば不正行為で，多くの大学で，当該科目を不合格とし，その上に同じ学期に受けた試験も不合格にするなどというペナルティが課されているのは当然のことである。

　他人の文章は必ず他人の文章とわかる形で鍵カッコでくくって，引用箇所の注を付けるということは本書でもすでに述べた。現代は，コピーアンドペーストが簡単にできてしまうので，昔よりもこの点をうるさく言っておく必要がある。資料集めの段階で，どこからの資料かもしっかりメモしないでPCに保存し，それを後で安易に自分の文章に落とし込んでしまい，本人には悪いことをしている意識はほとんどない，などというケースが一番始末が悪い。コピーアンドペーストが許されるのは，法律学の場合なら，判決文や他者の論文の文章の，鍵カッコを付けて出典を明示した引用の場合のみである。

　だから，注記なしに丸写しをした部分が発見されて，不正行為と認定されると，場合によっては留年などという結果になる（博士論文などでは，研究者生命を絶たれる場合さえある）。だから，本書のはじめには，「論文が人生を（いいほうに）変える」と書いたのだが，逆に論文一本で人生がめちゃくちゃになることもあるのである（研究者志望の諸君へ，先述したとおり，丸写しではなくても，多くの内容を他者の既発表論文に依拠しながら，1，2か所のみにその先行論文を注記して，あとはいわば自分のオリジナルである

かのように記述するのも，大変不適切な論述法である。若いうちから，十分に注意をしてフェアな記述を心掛けてほしい）。

　研究倫理が問題になるのは，文系の場合，多くはこの無断引用の問題なのだが，理系では，実験データの捏造などというケースもある[8]。

　文系では，データの捏造ということは少ないだろうが，すでに述べたように，ニュアンスが変わってしまう不適切な要約とか，ミスリーディングを生むような，前後関係を削除しての引用など，研究倫理の観点から問題にされるものもある（当人が自覚している場合も自覚していない場合もある）。

　そこを意識して執筆することが，論文書きのマナーを守ることにつながる。たとえば，すでに述べたように，判例の事実関係の引用も，判例解説書の要約を引いてくるのではなく，一審，二審の判決文そのものに当たるとか，学説の引用も，他の教科書からの孫引きではなく，その学説の最初に出された論文や判例評釈をあたる，ということである。

　法律学特有のこととしては，たとえば判例や学説を一字一句変えずに引用して，引用箇所を必ず鍵かっこでくくって注を付ける，ということがある。学説についても，その表現が重要な場合はそこの文章を鍵でくくってきっちりそのまま引用し，注記には，執筆者名，論文名，掲載雑誌巻号頁，必要な場合は刊行年まで入れて，注の末尾は〇〇頁，とする。逆にその学説の趣旨とか考え方を書く場合には，引用部分を鍵なしで自分の言葉で書いて，注記

---

8)　かつて私は，「研究倫理と悪意」と題したエッセイで，論文が発表されたものの存在が証明できなかったSTAP細胞の話題を取り上げて，日常用語でいう悪意と法律用語でいう悪意の違いなどを論じたことがあるが（前掲注7）で注記した，日本学術会議の機関誌「学術の動向」の2014年8月号76頁以下），それも，本文よりも注記の例示という機能も考えて書いた。お手本になるというほどのものではないが，論文名は一重のカギで示し書籍名は二重のカギで示す等のことはルールとして当然として，さらに，引用する情報の評価，つまり，（無署名の）新聞記事は伝聞であり要約であるのでそういう評価でしか使ってはいけないとか（これに対して署名記事は記者名を表記して引用する），あくまでも一次資料つまり大元の資料を探してそれを注記する，などのノウハウを確認していただく例示として書いたのである。

の末尾には〇〇頁参照，と「参照」の二文字を入れる。こういうこともすでに書いた。

　なぜそうするのか（そういう，「なぜ」までを理解することが重要である）。具体的に言えば，判例を評釈する（分析・検討する）場合も，最高裁判例の判旨を分析するなどというときには，一字一句引用を変えてはいけない。たとえば，判決文に「何々等」と書いてあるときは，「等」にも意味があるので，取ってはいけないのである。例文にすぎないが，「借地借家法では賃借権等が保護される」という文章があったときの「等」はなぜ必要なのか。法科大学院志望者ならすぐに答えられなければいけない。「等」にあたるものがあるから，なのであり，この場合は，地上権がそれである。これは借地借家法でいう「借地権」という概念が賃借権と地上権を指すから，というわけである。

　一般には，先に述べたように，他人の書いた文章をそのまま論文に使うと剽窃になるから必ず少しでも変えないといけない，という指導がされるところだが，そこが法律では全く異なる。その代り，引用部分がはっきりわかるようにすべて鍵カッコでくくるわけである。判例の評釈というのは，そういう用語の定義の厳密性の上に立って，判決の文章表現のニュアンスや背景までを考える作業である（それが法律「解釈学」というものの一つの特徴的な側面である）。したがって，法律学は，文学とはまた違った意味で，日本語表現を究極まで追求する営みということになるのかもしれない。

論文作成のプロセス⑩
清書？　本文・注の完成

　さあ，これで完成，と現代の皆さんはPCの画面を見ながら思う。

　けれども，昔の手書きの時代でいえば，ここでようやく原稿用紙とか論文用紙が登場したのである。それが「清書」という作業であった。文学の世界では今でも「書き下ろし50枚の小説」などと表記することがあるが，これは20字20行の400字詰め原稿用紙での話で，今でも400字換算で長さを表しているわけである。ちなみに私たちが学生の当時は，20字10行の200字詰め論文用紙というのを使っていた。大学生協ではそれぞれの大学名の入った論文用紙を売っていて，法律学などではもちろん縦書きで，横書き論文用紙というのがようやく登場してきた時代であった。

　この清書が手書きの昔は大ごとで，修士論文くらいになると，大げさでなく三日三晩くらいかかったものである。けれどもその難行苦行の中で，一枚ずつ清書していきながら，やはり文章のわかりにくいところ，主語述語のかかり方の変なところなどを見つけ出しては書き直していくので，結果的にはよりこなれた文章になっていった気がする。

　現代の皆さんはこの作業がない。下書きを画面で直し終わればそれでイコール清書も終わりである。ただそうすると，どういうことになるか。ダメな文章がダメなまま残ってしまうのである。

　それを防ぐためにはどうしたらいいか。私がやっている方法をお教えしよう。もう一度全部紙に打ち出してください。印刷代を惜しまないこと。我々の時代の論文用紙代と清書の手間を考えたら，ずっと安いものである。そして，赤ペンを持って，打ち出した紙を読んでいくのである。疑問点が出てきたり，誤字が出てきたら，手書きで，赤字で直してください。最後まで赤を入れたら，パソコンのデータに戻って，その赤字を打ち込んで下さい。実は

私はこの作業を，3回くらい繰り返すのだが（プロなので当たり前），読者
諸君も少なくとも1回はやっていただきたいと思う。

　その際に注意するのは，ミスタイプはもちろんなのだが，注記の中に出て
くる注番号である。本書第3部で詳説しているPCでの脚注の付け方は大変
便利なもので，注番号自体は自動的に整っているのだが，その注記の中で別
の注記を引用している場合，つまり「前掲注○○に述べた通り，」などとい
うところの○○の番号は，設定によっては自動的に変わるわけではない。論
文作成段階の最後のほうで途中の注記を増やした場合など，この注記の中の
注番号の確認・修正をしっかりお願いしたい（なおこれも，第3部で言及し
ている「相互参照」の機能を使用すれば，前掲注の番号も一括で更新するこ
とができる。こういうところも，第3部の有益なノウハウを十分に学んで実
践していただきたい）。

　これで，一応論文は完成ということになる。ただ，ここに書いたことは，
いわば「論文の書き方」の理論編である。具体的に，パソコンに向かって，
あるいは図書館に行って，どう資料検索を始めるのか，そしてどう書き始め
るのか，を教えなければ作業が始まらないだろう。そこで，本書は，インター
ネット対応の，そしてWindowsにもMacにも対応した，第2部・第3部を
用意した。さらに，書くべき「内容」についての指導を，第4部でおこなう
（一応，法学系卒業論文のレベルで指導する）。これらをしっかり読んで，論
文書きの「実践」ができるようになっていただきたい。

第 2 部　文献検索法

1 はじめに

　第1部で述べられていたように，法律学の論文を執筆するにあたっては，まず，論文のテーマを決定するための資料集め，つまり，執筆しようとしている論文の問題意識を明確にするための資料集めが必要となる（第一段階の資料集め）。第一段階で集めた資料をもとに，論文の具体的なテーマを決定し，自らが設定した問題に対するアプローチの方法をある程度見定めたところで，今度は，実際に論文を書き進めていくための資料集めをしていくこととなる（第二段階の資料集め）。もちろん，この第二段階の資料集めは，一度で終わるものではない。論文を書き進めていくと，必ずといっていいほど，当初集めた資料だけでは十分な論証をすることができないという場面に出くわしたり，新たな文献に関する情報が芋づる式に出てきたりすることがある。そのため，第二段階の資料集めでは，論文を書き始める前にできる限り多くの関連資料を集めておくだけでなく，論文を書き進めながら不足する資料を適宜補充していく必要がある。こうした継続的な資料集めを経て論文を一通り書き上げたら，最後は，論証が不足している部分や論理の飛躍がある部分など，加筆，修正を要する部分に関する資料を集めて，資料集めと加筆，修正をくり返していくことで，論文の完成度をだんだんと高めていくこととなる（第三段階の資料集め）。

　このように，法律学の論文は，段階的な資料集めを重ねながら完成させていくものである。それでは，論文を書くために必要な資料は，具体的にどのようにして収集すればよいのだろうか。前提として，法律学の論文を執筆する際に用いられる資料には，基本書ないし体系書と呼ばれる書籍や論文，裁判例，官公庁等が公表した統計データ，新聞記事等がある。その中でも，書籍と論文については，主として「CiNii（サイニィ）」と呼ばれるデータベー

スを，裁判例については，「LEX/DBインターネット」や「判例秘書INTERNET」をはじめとするデータベースを使用して資料収集をするのが一般的である。そこで，以下本書では，論文を執筆するための実践的なノウハウをお伝えすべく，実際の操作画面を示しながら，これらのデータベースの使い方を説明していくこととする。

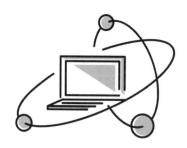

2 文献の検索方法
——CiNiiの使い方

(1) CiNiiとは[1]

　CiNiiとは，国立情報学研究所が運営するデータベース・サービスであり，論文，図書，雑誌等の学術情報を検索することができるものである。CiNiiは，さらに，「CiNii Research」（https://cir.nii.ac.jp），「CiNii Book—大学図書館の本をさがす」（https://ci.nii.ac.jp/books/），「CiNii Dissertations—日本の博士論文をさがす」（https://ci.nii.ac.jp/d/）の3つに分けられるが，CiNii Researchには，CiNii BooksとCiNii Dissertationsのデータベースも収録されている。そのため，文献を検索する際は，まずCiNii Researchにアクセスするのが一般的である。そこで，以下(2)では，実際の操作画面を示しながら，CiNii Researchの使い方について説明することとしたい。

⑵ CiNii Researchの使い方

① CiNii Researchのトップページ（https://cir.nii.ac.jp）にアクセスする（【図1】）。

【図1】

② 論文のテーマに関するキーワードを検索ボックスに入力し，「検索」をクリックする。【図2】のように，スペースを入れて2つ以上のキーワードを入力した場合には，いわゆる「AND検索」となり，入力したすべてのキーワードを含む文献（入力したキーワードと，タイトル，著者名，抄録等の登録されている情報が合致する文献）が検索結果画面に表示されることとなる。当然のことながら，入力したキーワードの組み合わせによって検索結果も異なってくるため，より多くの文献にアクセスするためには，キーワードを絞り込みすぎず，さまざまなキーワードの組み合わせを試してみることが望ましい。

【図2】

　③　検索したい文献が具体的に決まっている場合や，前記②の簡易検索に
よる検索結果を出版年や本文リンクの有無でさらに絞り込みたい場合などには，
詳細検索の機能を活用するとよい。【図2】の画面において，「検索」の下に
ある「詳細検索」をクリックすると，【図3】のように，タイトル，本文リン
ク，出版年といった詳細検索用の項目が表示されるため，適宜，文献を絞り
込むために必要な情報を入力し，簡易検索と同様に「検索」をクリックする。

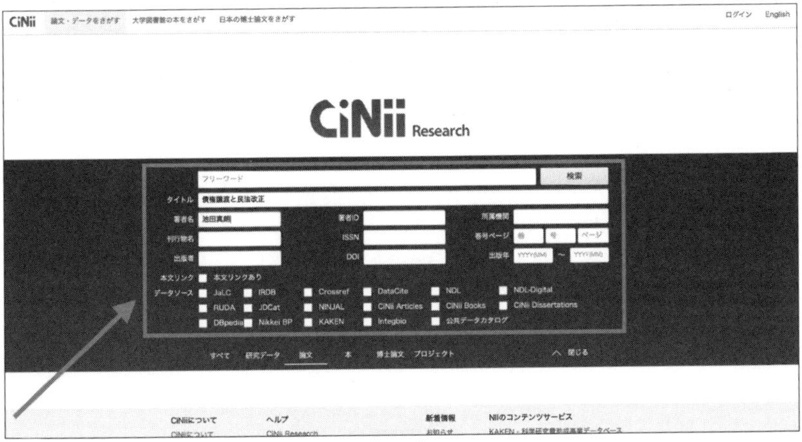

【図3】

④　詳細検索の中にある「本文リンク」の項目にチェックを入れると，入力したキーワードを含む文献のうち，本文のPDFファイルがWeb上で公開されている文献のみを検索することができる（【図4】）。たとえば，「債権譲渡　池田」というキーワードを入力したうえで，本文リンクの項目にチェックを入れて検索すると，全部で29件の検索結果が表示される（2023年4月現在）。仮に，その中の「行動立法学序説：民法改正を検証する新時代の民法学の提唱」という論文のPDFファイルにアクセスしたい場合には，タイトルや著者名の下に表示されている「機関リポジトリ」をクリックする（【図5】）。そうすると，当該論文の本文をPDFファイルで公開しているページ（https://koara.lib.keio.ac.jp/xoonips/modules/xoonips/detail.php?koara_id=AN00224504-20200728-0057）に移動することができ，「Download」から本文のPDFファイルをダウンロードすることができる（【図6】）。

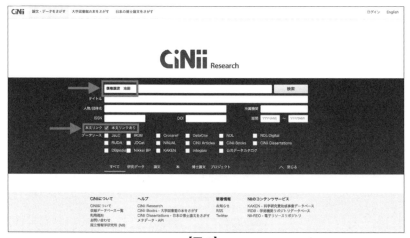

【図4】

【図5】

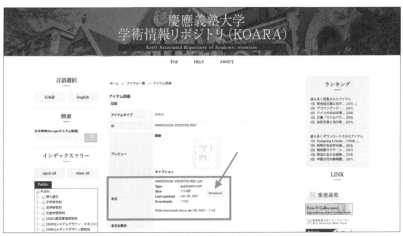

【図6】

④で言及したように，本文リンクありの文献を検索すると，図書館に行って文献を探してコピーするといった手間をかけずとも文献を入手することができる。そのため，ときどき本文リンクありの文献のみを引用して論文を執筆しようとする例を見かけることがある。しかし，言うまでもなく必ずしもすべての文献がオンライン上で公開されているわけではない。本文リンクありの文献のみを引用してしまうと，引用文献に偏りが出てしまい，それでは十分な資料集めがなされているとは言い難い。したがって，文献収集の際には，オンライン上で公開されている本文リンクありの文献を検索するのは，あくまでも効率よく資料集めをするための手段の一つにすぎない，ということをしっかりと認識し，本文リンクありの文献を検索することに終始してしまわないよう心がけることが大切である。

　⑤　簡易検索または詳細検索によって得られた検索結果の中に，閲覧したい文献がある場合には，当該文献のタイトル部分をクリックする（【図7】）。文献の種類が論文であれば，その論文がどこに収録されているのかに関する「収録刊行物」の項目に，本であれば「書誌事項」の項目に，図書館等で当該文献を探すために必要な情報が記載されているため，文献の種類に応じて，これらの項目に記載されている情報を手元に控えておく（【図8】）。たとえば，【図8】の「債権譲渡通知・承諾のIT化特例と債権譲渡登記・電子記録債権」という論文であれば，収録刊行物の欄に「NBL（1206），10-15，2021-11-15」と記載されているため，NBL1206号（2021年発行）の10〜15頁に掲載されていることがわかる。

　なお，前述したように，大学等が発行している紀要に掲載されている論文の多くは，機関リポジトリにおいて本文のPDFファイルが公開されており，法律雑誌に収録されている論文も，後述の判例秘書INTERNET等に本文のPDFファイルが収録されていることがある。より効率的に資料集めを進めていくためにも，図書館に行く前に，これらのデータベースに本文のPDFファイルが収録されているかどうかをあらかじめ確認しておいて，PDFファイルでダウンロードできるものはダウンロードし，そうでないものは図書館等

で入手するようにするとよい。

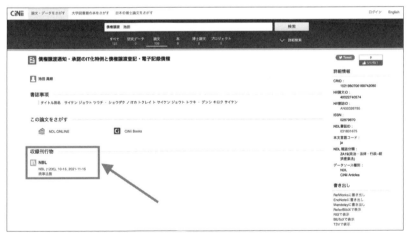

【図7】

【図8】

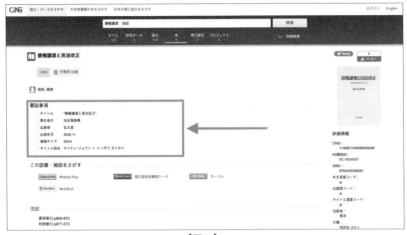

【図9】

(3)　国立国会図書館における資料収集の方法

　一般には，CiNii Research等で閲覧したい文献の収録刊行物に関する情報や書誌事項に関する情報を収集したら，これらの情報をもとに，普段から利用している大学図書館等で本や雑誌，論文集等を探すこととなる。しかし，中には，閲覧したい文献が大学図書館等には置かれていないこともある。その場合には，国内の出版物が網羅的に収集されている国立国会図書館[2] を利用するのも一つの方法である。

　なお，厳密にいえば，国立国会図書館には，東京本館，関西館[3]，国際子ども図書館があるが，以下の記述は，東京本館を念頭に置いたものであるため，その点に留意されたい。

---

2)　国立国会図書館「資料の収集」（https://www.ndl.go.jp/jp/collect/index.html）（最終閲覧日：2023年10月31日）

3)　関西館の来館案内については，国立国会図書館「関西館」（https://www.ndl.go.jp/jp/kansai/index.html）を参照されたい。

① 利用資格，利用者登録（本登録）の方法

　国立国会図書館は，満18歳以上であれば，誰でも入館，利用することができるが[4)]，入館するためには，利用者登録（本登録，無料）をすることが必要である。新規登録は，国立国会図書館オンラインの新規利用者登録ページ（https://ndlonline.ndl.go.jp/#!/userreg）で手続きをすることもできるが，その場合には，本人確認書類の画像ファイル（JPEG形式またはPNG形式）のアップロードが必要であり，本人確認に5開館日程度かかるとされている[5)]。したがって，すぐに資料を閲覧したいという場合には，直接現地（東京本館であれば，新館入口の利用者登録カウンター）に行き，備え付けの「利用者登録申請書」に必要事項を記入して，本人確認書類（運転免許証，健康保険証，マイナンバーカード，学生証など，氏名，生年月日，現住所が確認できるもの）を提示する[6)]，という方法によって利用者登録（本登録）を完了させるとよい。そのほか，郵送による登録も可能ではあるが，本人確認書類（写し）と定型サイズの返信用封筒を同封する必要があり，利用者登録証が登録住所に届くまで2週間ほどかかることもあるため，注意を要する[7)]。

② 東京本館を利用する際の流れ

　国立国会図書館では，B5判以上の不透明な袋物（かばん，紙袋，封筒等），傘等の持ち込みが禁じられているため，これらの物は，入館ゲートを通る前に，入口のコインロッカー（100円，返却型）や傘立てに預けておく必要が

[4)]　国立国会図書館「利用資格」（https://www.ndl.go.jp/jp/tokyo/use_require.html）（最終閲覧日：2023年10月31日）

[5)]　国立国会図書館「国立国会図書館の利用者登録（個人）について：本登録」（https://www.ndl.go.jp/jp/registration/individuals_official.html）（最終閲覧日：2023年10月31日）

[6)]　国立国会図書館・前掲注 5)

[7)]　国立国会図書館・前掲注 5)

ある[8]。館内に持ち込む身の回り品や貴重品等は，備え付けの透明の袋に入れておけば持ち込むことができるため，必ず透明の袋に入れてから入館ゲートに向かうようにするとよい。なお，入館ゲートは，本登録の手続き完了後に発行される登録利用者カード（IC カード）をタッチすれば通ることができる仕様となっている[9]。

　国立国会図書館の資料のほとんどは，立ち入り不可の書庫の中にあるため，入館したら，館内の端末や自分のスマートフォン等から「国立国会図書館オンライン」（https://ndlonline.ndl.go.jp/）にアクセスし，資料の検索や利用申込みを行う。ただし，一度に利用申込みできる点数は限られており，図書は 5 点まで，雑誌は10点までである[10]。

　利用申込み後，指定のカウンターで資料を受け取ることができるようになるまでの所要時間は，およそ20〜30分程度であるとされている。申し込んだ資料が到着したかどうか，どのカウンターで資料を受け取ればよいのかは，館内の端末で確認することができるため，資料の到着が確認できたら，指定のカウンターに行って資料を受け取る[11]。

　コピーしたい資料がある場合には，館内の端末で「複写申込書」を作成し，館内に設置されているプリンターでプリントアウトする[12]。プリントアウトした複写申込書に，コピーしたいページ等の必要事項を記入したら，資料のコピーしたい箇所の最初と最後に備え付けのしおりをはさみ，複写申込書と

8)　国立国会図書館「来館される方へのお願い（必ずお読みください）」（https://www.ndl.go.jp/jp/tokyo/notes.html#a10）（最終閲覧日：2023年10月31日）
9)　国立国会図書館「入館」（https://www.ndl.go.jp/jp/tokyo/flow/flow1.html）（最終閲覧日：2023年10月31日）
10)　国立国会図書館「資料を利用する（書庫内の図書や雑誌）」（https://www.ndl.go.jp/jp/tokyo/flow/flow2.html）（最終閲覧日：2023年10月31日）
11)　国立国会図書館・前掲注 10)
12)　国立国会図書館「コピー（複写）を申し込む」（https://www.ndl.go.jp/jp/tokyo/flow/flow4.html）（最終閲覧日：2023年10月31日）

しおりがはさんである資料を持って，複写カウンターで申込みをする[13]。資料のコピーは，後日郵送で受け取ることもできるが（後日郵送複写[14]），当日中に受け取る場合には，即日複写となるため，コピーを受け取る時に現金または電子マネー（Suica，PASMO，nanaco，楽天Edy，WAON等）で料金を支払うこととなる[15]。なお，料金は資料の種類によって異なるが，一般的な紙資料（冊子体）の白黒コピーの料金は，A4またはB4サイズで27.50円（税抜25円），A3サイズで47.30円（税抜43円）である[16]。

（4） 最高裁判所図書館における資料収集の方法

　大学図書館等で収集することができない資料については，法律分野（および裁判実務に関連する周辺諸科学の分野）に関する資料であれば，国立国会図書館のほか，最高裁判所図書館で収集することもできる。最高裁判所図書館は，裁判所唯一の図書館として，全国の裁判所に対して裁判に必要な資料を提供しているだけでなく，国立国会図書館の司法部門の支部図書館としての役割も果たしている法律専門図書館であり，国内外の法令集，判例集，解説書，論文集，雑誌等の法律専門書を中心に，和図書約18万冊，洋図書約11万冊の合計約29万冊を所蔵している[17]。資料の閲覧に際して資料ごとに利用申込みが必要となる国立国会図書館とは異なり，最高裁判所図書館は，その蔵書のほとんどについて開架式を採用しているため，利用者は，資料の出納

---

13)　国立国会図書館・前掲注 12)
14)　後日郵送複写の詳細については，国立国会図書館「複写サービスの種類」（https://www.ndl.go.jp/jp/tokyo/copy/details.html#later）を参照されたい。
15)　国立国会図書館「複写サービスの種類」（https://www.ndl.go.jp/jp/tokyo/copy/details.html#sameday）（最終閲覧日：2023年10月31日）
16)　国立国会図書館「複写料金表」（https://www.ndl.go.jp/jp/tokyo/copy/fee.html）（最終閲覧日：2023年10月31日）
17)　最高裁判所図書館「図書館の概要」（https://www.courts.go.jp/saikosai/tosyokan/gaiyo/index.html）（最終閲覧日：2023年10月31日）

を依頼することなく，書架から直接資料を手に取って閲覧することができる[18]。

① 利用資格

満18歳以上の学術研究を目的とする者は，一般利用者として，最高裁判所図書館を利用することができる[19]。初めて利用する場合は，利用希望日の前日（休館日である水曜日，土曜日，日曜日，祝日，年末年始（12月29日〜1月3日）を除く。）15時までに，最高裁判所図書館の受付カウンターに，利用者本人の住所，氏名，年齢，連絡先，利用希望日時等を電話で伝えるとともに（電話番号：03-3264-8537），利用希望日当日は，顔写真付きの身分を証明できるものを持参する[20]。また，2回目以降の継続的な利用のために利用証の交付を希望するのであれば，利用証に貼付する顔写真1枚（縦3cm×横2cm，脱帽，正面向，上半身，申請前3か月以内に撮影したもの）も併せて用意しておく必要がある[21]。なお，弁護士，弁理士，認定司法書士，法律学を担当する教職員，裁判所に設置された委員会の委員，司法修習生等は，特別利用者として最高裁判所図書館を利用することができるが，初めて利用する場合には，資格を証明できるものを持参するよう求められており，弁護士については，弁護士バッジの提示でよいとされている[22]。

---

18) 最高裁判所図書館「利用案内」(https://www.courts.go.jp/saikosai/tosyokan/annai/index.html)（最終閲覧日：2023年10月31日）

19) 最高裁判所図書館「一般利用者」(https://www.courts.go.jp/saikosai/tosyokan/annai/ippan/index.html)（最終閲覧日：2023年10月31日）

20) 最高裁判所図書館・前掲注 19)

21) 最高裁判所図書館・前掲注 19)

22) 最高裁判所図書館「特別利用者」(https://www.courts.go.jp/saikosai/tosyokan/annai/riyou_houhou/tokubetu.html)（最終閲覧日：2023年10月31日）

②　入館手続き

　利用希望日当日は，顔写真付きの身分を証明できるものを持参して最高裁判所の「南門」に行き，外来者入庁の手続きを済ませた後，係員の指示にしたがって最高裁判所図書館に向かう[23]。初めて利用する場合と，２回目以降の利用であっても利用証の交付を受けていない当日のみの利用の場合は，「最高裁判所図書館申請書」に必要事項を記入しなければならないが，公式ウェブサイトで公開されている PDF 形式のもの（https://www.courts.go.jp/saikosai/vc-files/saikosai/2022/a-shinseisyo20230309.pdf）を印刷して，あらかじめ記入しておいたものを提出することもできる。前記①で述べたように，継続して利用することを希望する場合には，所定の条件を満たす顔写真があれば，利用証の交付を受けることができ，それ以降は，利用証のある一般利用者として扱われることとなるため，逐一顔写真付きの身分証明書を提示したり，上記の申請書の記入をしたりする必要はなくなる。ただし，利用証のある一般利用者であっても，事前予約はその都度必要であり，利用希望日の前日15時までに電話で利用申込みをしなければならないため，注意を要する[24]。

③　利用の流れ

　最高裁判所図書館の中に持ち込むことができるものは，貴重品，筆記用具や資料等の小物，蓋付きの飲み物，ノートパソコン，タブレット端末，携帯電話に限定されており，それ以外の手荷物がある場合には，入口付近のロッカーに預けておくこととなる[25]。

　前述したように，最高裁判所図書館は，その蔵書のほとんどについて開架式を採用しており，入館後は，書架にある資料を自由に手に取って閲覧する

---

23)　最高裁判所図書館・前掲注 19)

24)　最高裁判所図書館・前掲注 19)

25)　最高裁判所図書館「利用案内リーフレット」（https://www.courts.go.jp/saikosai/vc-files/saikosai/2022/riyouannaileaflet2022.pdf）（最終閲覧日：2023年10月31日）

ことができる。資料の所在については，館内の備え付けの端末機を使用して検索してもよいが，利用者自身のスマートフォン等から最高裁判所図書館の蔵書検索ページ（https://s-opac.net/Opac/search.htm?s=aXbCO25UBZUHYHJnQwzQuyWoDne）にアクセスして検索することもできるため，あらかじめ閲覧したい資料が最高裁判所図書館に所蔵されているかどうかを確認する際に，資料の所在を示した分類記号も併せて確認しておくとよい[26]。

　コピーしたい資料がある場合には，午前9時30分～午後4時30分までの受付時間の間に，事前にその旨を受付カウンターに申し出たうえで，館内の備え付けの有料コピー機を利用することができる。料金は，白黒1枚10円，カラー1枚50円だが，料金の支払いに際して使用することができるのは，10円以上の硬貨（ただし，2021年11月以降発行の500円硬貨を除く。）と千円札紙幣のみであり，館内での両替はできないため，資料のコピーを予定しているときは，余裕を持って準備しておく必要がある[27]。

26）　最高裁判所図書館・前掲注 25）

27）　最高裁判所図書館・前掲注 18）

 **3** # 裁判例の検索方法

(1) 裁判例に関する資料の分類

　裁判例に関する資料には，①最高裁判所判例集等の公的判例集や，判例時報等の判例登載誌をはじめとする冊子体資料に掲載されている紙媒体のものだけでなく，②裁判所ウェブサイト等の無料ウェブサイトに収録されている電子資料，③LEX/DBインターネットや判例秘書INTERNETをはじめとする有料判例データベースに収録されている電子資料がある。

　たとえば，特定の裁判例を調べたいという場合に，その裁判例がどの冊子体資料に掲載されているのかがすでにわかっているのであれば，大学図書館等で直接その冊子体資料を閲覧すればよいが，どこに掲載されているのかがわからないときは，裁判所名や裁判年月日等を手がかりに，裁判所ウェブサイトや有料判例データベースを使って調べていくこととなる。裁判所ウェブサイトや有料判例データベースには，裁判例がどこに掲載されているのかという出典に関する情報だけでなく，判決文や判例評釈（裁判例について解説，論評した論考）が収録されていることも多く，インターネット上で裁判例に関する資料を入手できる点において，きわめて有用である。また，裁判所ウェブサイトや有料判例データベースには，キーワード検索の機能も備わっているため，あるテーマに関して網羅的に裁判例を調べたいという場合にも便利である。

　そこで，以下では，実際の操作画面を示しながら，裁判所ウェブサイト，LEX/DBインターネット，判例秘書INTERNETの使い方について説明していくこととする。

　なお，有料判例データベースの代表例としては，D1-Law.com（第一法規

法情報総合データベース），Westlaw Japan（ウエストロー・ジャパン）なども挙げられるが，本書では，執筆の都合上，LEX/DBインターネットと判例秘書INTERNETを取り上げることとしたい。

(2) 裁判所ウェブサイトの使い方

① 裁判所ウェブサイトの「裁判例検索」ページ（https://www.courts. go.jp/app/hanrei_jp/search1）にアクセスする（【図10】）。

【図10】

② 「検索条件指定画面」で，裁判例を検索するための条件を入力する。特定の裁判例を検索したい場合には，裁判年月日，事件番号，裁判所名の項目に検索条件を入力し，特定のテーマに関する裁判例を網羅的に検索したい場合には，全文検索の項目にキーワードを入力し，「検索」をクリックする（【図11】）。もちろん，特定の裁判例を検索するにあたっては，裁判年月日，事件番号，裁判所名のすべての項目に検索条件を入力する必要はなく，一部の項目にのみ検索条件を入力して検索することも可能である。また，特定のテーマに関する裁判例を網羅的に検索する場合においても，特定の期間の裁判例

のみを検索したい，特定の裁判所の裁判例のみを検索したいというときには，キーワードによる全文検索と，裁判年月日の期間指定による検索や裁判所名による検索を組み合わせて使用するとよい。

　なお，裁判所ウェブサイトの裁判例検索システムの判決等は，最高裁判所判例集，高等裁判所判例集，下級裁判所裁判例速報，行政事件裁判例集，労働事件裁判例集，知的財産裁判例集という6種類の判例・裁判例集，裁判例速報に区分されて掲載されている。すべての判例・裁判例集，裁判例速報を横断的に検索したいときは，【図11】の「統合検索」を使用し，それぞれの判例・裁判例集，裁判例速報を個別的に検索したいときは，画面上部にあるタブをクリックして切り替えてから検索するとよい。

【図11】

③　たとえば，JR東海事件（最判平成28年3月1日民集70巻3号681頁）を検索する場合には，裁判年月日の項目にあるラジオボタンで「期日指定」をチェックし，期日を「平成28年3月1日」に指定するとともに，裁判所名を「最高」裁判所に指定し，「検索」をクリックすると（【図12】），【図13】のような検索結果が表示される。【図13】の検索結果画面では，左列の「最高裁判例」をクリックすると，判例集等の巻・号・頁，判示事項，裁判要旨等の詳細情報を閲覧することができ，右列の「全文」または「PDF」のアイコンをクリックすると，判決の全文を閲覧することができる。

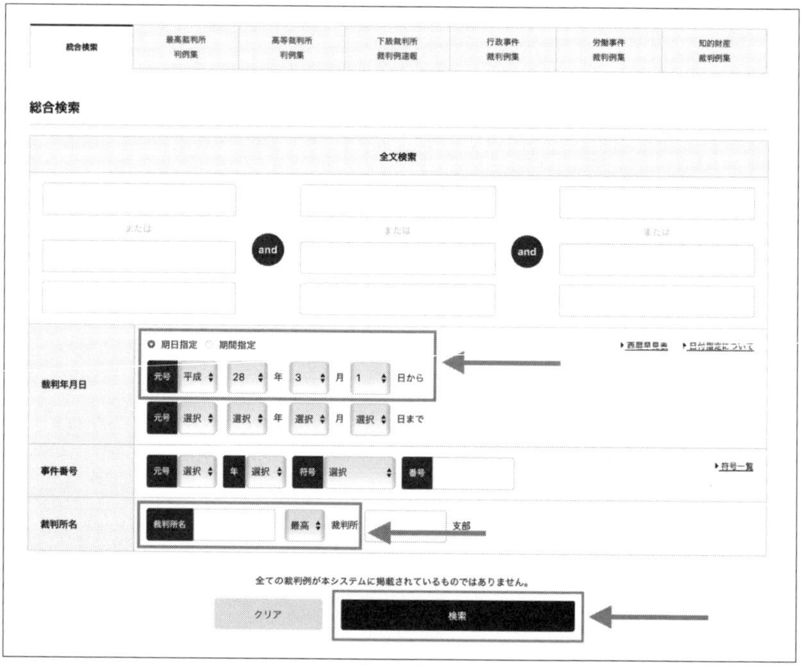

【図12】

【図13】

(3) LEX/DBインターネットの使い方

①　LEX/DBインターネットのトップページ（http://lex.lawlibrary.jp/index.html）にアクセスし，画面左側の「会員ログイン」をクリックする（【図14】）。【図15】のログイン画面でユーザIDとパスワードを入力して，「ログイン」をクリックすると，【図16】のデータベースの選択画面が表示される。

ただし，大学等の所属機関で，LEX/DBインターネットが収録されているTKCローライブラリーを契約している場合は，LEX/DBインターネットのユーザIDとパスワードが付与されないことも多い。その場合は，一般には，所属機関で契約しているデータベース一覧からTKCローライブラリー[28]にアクセスし，TKCローライブラリーの基本データベースの中にある「LEX/DBインターネット」をクリックすると（【図17】），【図16】のデータベース

---

28)　筆者の場合は，所属大学である武蔵野大学の「武蔵野大学図書館リモートアクセス（Musashino University Library Off Campus Access）」（https://musashino-u.remotexs.co/ja/user/login）を利用してTKCローライブラリーにアクセスしているため，【図17】の画面にアクセスするためのURLは，「https://www-lawlibrary-jp.musashino-u.remotexs.co/Law/LawLibrary/LawTOP.aspx」となる。

の選択画面が表示される。

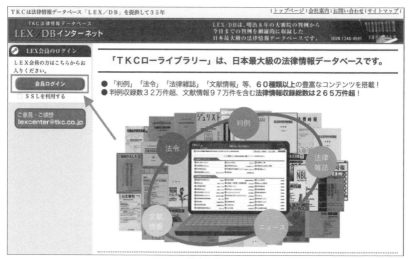

【図14】

【図15】

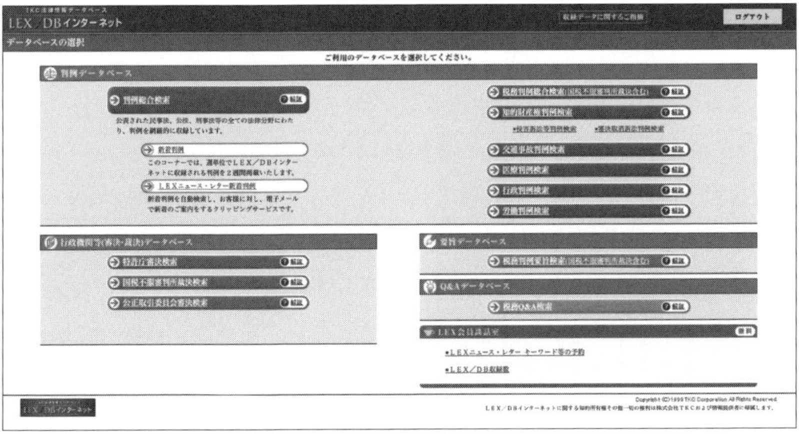

【図16】

【図17】

②　データベース選択の画面で，画面左上にある「判例総合検索」をクリックすると（【図18】），検索項目の入力画面に遷移するため，フリーキーワードや裁判年月日，裁判所名，事件番号，民刑区分等の検索条件を入力または指定し，画面右上の「検索開始」をクリックする（【図19】）。なお，データベースの選択画面には，「判例総合検索」のほか，「知的財産権判例検索」や「交通事故判例検索」，「医療判例検索」，「行政判例検索」，「労働判例検索」があり，分野別に裁判例を検索することも可能である。

　また，フリーキーワードの欄に複数のキーワードを入力する場合には，縦に入力するとAND条件の指定，横に入力するとOR条件の指定となるため，入力したすべてのキーワードを含む検索結果を表示させたいときは，複数のキーワードを縦方向に入力し，入力したキーワードのいずれかを含む検索結果を表示させたいときは，複数のキーワードを横方向に入力すればよい。なお，NOT条件欄にキーワードを入力すると，そのキーワードを含む文献を検索対象から除外することができる。

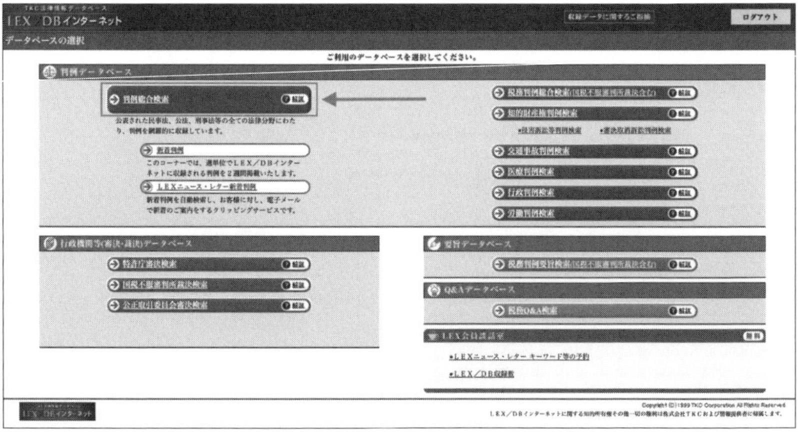

【図18】

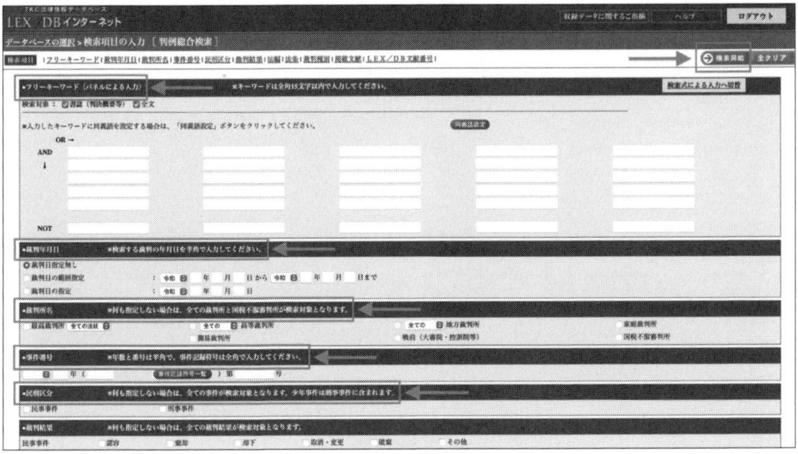

【図19】

　③　たとえば，債権譲渡に関する最高裁判所の判例を検索したい場合には，フリーキーワードの欄に「債権譲渡」と入力し，裁判所名の項目で「最高裁判所」にチェックを入れて，「検索開始」をクリックすると（【図20】），【図21】のような検索結果一覧が表示される（2023年4月時点）。当初の検索結果一覧は，裁判年月日順（新しい順）に20件ずつ表示されるが，画面右上のリストボックスから表示件数と並び順を変更することができる。次に，検索結果一覧の中に確認したい裁判例がある場合には，裁判例の右側に表示されている「書誌」のアイコンをクリックすると，その裁判例の事案の概要，判示事項，要旨，掲載文献，評釈等所在情報等が記載されている書誌表示画面にアクセスすることができる。さらに，「書誌」のアイコンの右側にある「全文」のアイコンをクリックすると，判決文の全文を閲覧することができる。

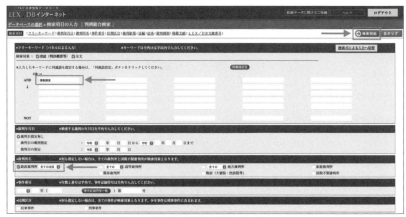

【図20】

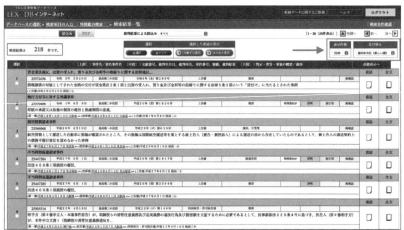

【図21】

④　検索結果一覧に表示された裁判例の中でも，重要度が高いものについては，判例集PDF，評釈，被引用判例のマークが表示されていることが多い（【図22】）。

　まず，判例集PDFのマークがある裁判例は，その右側にある「書誌」のアイコンをクリックすると，書誌表示画面の【掲載文献】の項目から，当該裁判例の判決文を掲載している判例集のPDFファイルにアクセスすることができる。たとえば，検索結果一覧の上から４番目にある「民法468条１項前段の趣旨」に関する平成27年６月１日の最高裁判決について，当該判決の判決文を掲載している判例集のPDFファイルを閲覧したいのであれば，当該判決の「書誌」のアイコンをクリックすると（【図22】），【図23】の書誌表示画面が表示されるため，その中の【掲載文献】という項目を見ればよい。複数ある掲載文献のうち，判例タイムズと最高裁判所民事判例集には，PDFファイルを閲覧するためのハイパーリンクが設定されており，PDFファイルのアイコンが表示されているため，これら２つの判例集に掲載されている当該判決の判決文については，ハイパーリンクが設定されている文字列またはアイコンをクリックすれば，PDF形式で閲覧することができる。

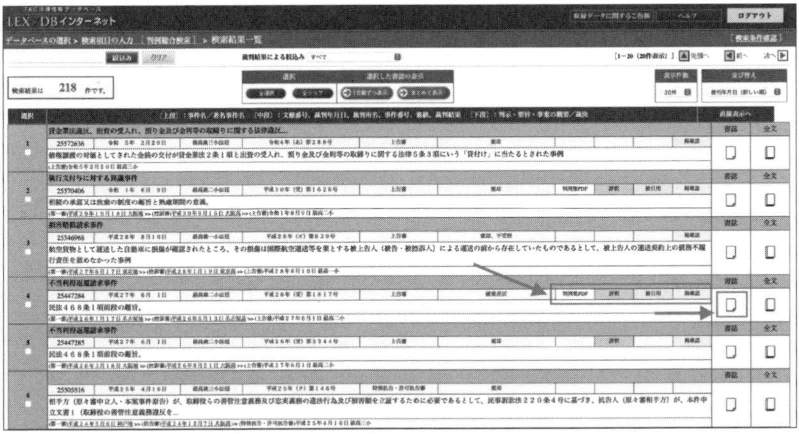

【図22】

【図23】

　また，評釈のマークがある裁判例については，書誌表示画面の上部にある「判例評釈等へ」をクリックすると（【図24】），【図25】の判例評釈等一覧画面にアクセスすることができる。そのうち，PDFファイルを閲覧することのできる判例評釈等については，タイトルにハイパーリンクが設定されており，タイトルの右にあるPDFファイルのアイコンもクリックできるようになっているため，閲覧したい判例評釈等のタイトルまたはPDFファイルのアイコンをクリックすればよい。

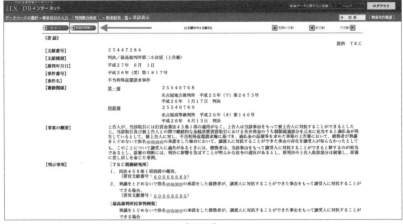

【図24】

【図25】

(4) 判例秘書INTERNETの使い方

① 判例秘書INTERNETのトップページ（https://www.legal-info.com）にアクセスし，ログインIDとパスワードを入力したうえで，「ログイン」をクリックすると（【図26】），メニュー画面が表示される（【図27】）。

【図26】

【図27】

　②　裁判例を検索する場合には，左上にある基本データベースの中の「判例検索」をクリックし（【図28】），判例検索画面にアクセスする。特定のテーマに関する裁判例を検索する場合には，任意語の欄に関連するキーワードを入力して，画面上部の「検索実行」をクリックすればよい（【図29】）。このとき，複数のキーワードを縦方向に入力するとand条件の指定，横方向に入力するとor条件の指定となり，not条件欄に入力したキーワードは，検索結果から除外されることとなる。また，特定の裁判例を検索する場合には，裁判所，裁判日付，事件番号等を選択または入力して，同じように「検索実行」をクリックすればよい（【図30】）。なお，判例秘書INTERNETの判例検索は，判例検索と大審院判例検索に分かれているため，大審院の判例を検索するときは，判例検索画面の左上にある「大審院判例検索」をクリックし，検索画面を切り替える必要がある（【図31】）。

【図28】

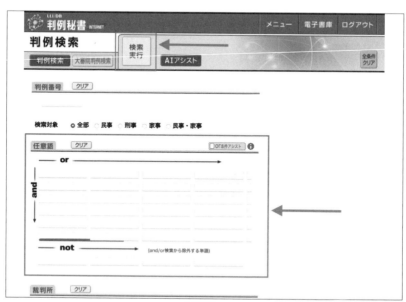

【図29】

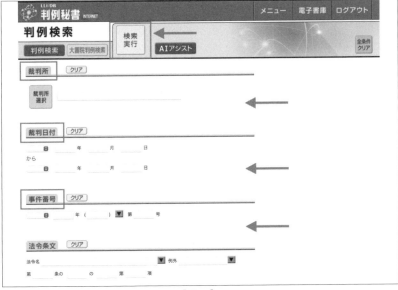

【図30】

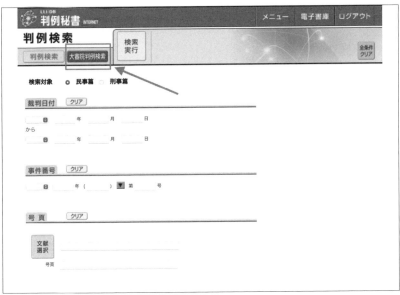

【図31】

③　判例秘書INTERNETの特徴の一つとして，「最高裁判所判例解説」を収録している点が挙げられる。最高裁判所判例解説は，最高裁判所の担当調査官によって執筆されていることから「調査官解説」と称されることもあり，判例解説の中でも特に重要度が高いものであるとされている。

　たとえば，前出のJR東海事件（最判平成28年3月1日民集70巻3号681頁）の最高裁判所判例解説を閲覧したいのであれば，【図32】のように，まずは，判例検索画面で，裁判所を「最高裁」に指定し，裁判日付の項目に「平成28年3月1日」と入力して，「検索実行」をクリックする。【図33】の検索結果画面に表示された2件の検索結果（2023年4月時点）のうち，損害賠償請求事件と書かれた1件目がJR東海事件であるが，タイトル部分にカーソルを合わせると，画面下部に判示事項が表示される仕組みとなっているため，タイトル部分だけで判別することが難しい場合には，判示事項も合わせて確認しておくとよい。続いて，タイトル部分をクリックすると，当該判決の事件番号，判決日付，判示事項，判決要旨，掲載誌，評釈論文，判決文全文等の詳細が記載された画面が表示される（【図34】）。この詳細画面の右上にある「最判解説」のアイコンをクリックすると，法曹時報掲載のものと最高裁判所判例解説（民事篇）掲載のものが表示されるため，これらのタイトル部分をクリックすれば，調査官解説の全文を閲覧することができる（【図35】）。なお，同じ調査官によって執筆された調査官解説が，法曹時報と最高裁判所判例解説（民事篇・刑事篇）の両方に掲載されているのは，最高裁判所判例解説（民事篇・刑事篇）が，法曹時報に掲載された調査官解説をあとから集録したものだからである。

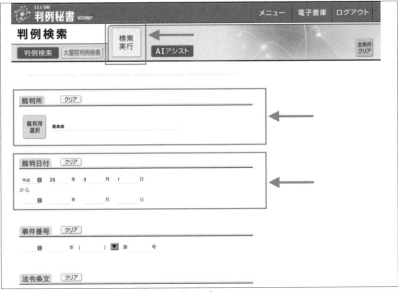

【図32】

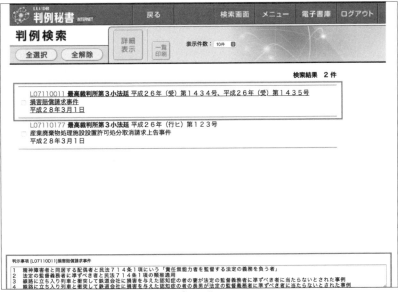

【図33】

【図34】

【図35】

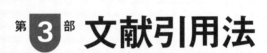

第 **3** 部 **文献引用法**

1 はじめに

　第2部で紹介したCiNii等のデータベースを活用して，ある程度必要な文献を集めたところで，いよいよこれらの文献を引用しながら論文を執筆する作業に入る。

　文献を引用する方法としては，①参考文献の内容を一字一句変えずにそのまま「」で抜き書きする方法（直接引用）と，②参考文献の内容を自分の言葉で表現する方法（間接引用）がある。法律学の論文を執筆する際には，参考文献の趣旨だけでなく，論文の執筆者が参考文献の内容をどのように理解したのか，ということもあわせて表現することができるとの理由から，間接引用によるのが望ましいとされているように思われるが[1]，間接引用をする場合には，いわゆる要約引用として著作権法に抵触することのないよう，「抽象度をより高めて表現上の本質的特徴が直接感得できない程度にまで至らせ[2]」ながらも，参考文献の趣旨とかけ離れた内容とならないように留意し

---

1)　田髙寬貴＝原田昌和＝秋山靖浩『リーガル・リサーチ＆リポート〔第2版〕』（有斐閣，2019年）29頁は，「文献を参考にして叙述をするときには，なるべくその文献の内容を自分の言葉で要約する形をとるようにしよう。参考文献をそのまま引き写すのは，叙述がだらだらと長くなってしまうばかりでなく，その文献を理解するための労力を省いているとみなされかねない。要約すること自体にも，レポート執筆者の力量が試されるのである。」と指摘している。

2)　末宗達行「学術論文における『引用』と著作権法における『引用』」（https://rclip.jp/2018/07/30/201808column/）（最終閲覧日：2023年11月1日）は，「著作権法上は，著作物を引用の方法で利用する場合には，翻訳は許されていますが（著作43条2号），著作物を要約（翻案）して利用することは条文上，許されていないものと解されるように思われます」，「要約引用が著作権法上許容されることは難しいのではないかと思われます」と述べたうえで，「抽象度をより高めて表現上の本質

なければならない。

　また，当然のことながら，場合によっては，参考文献の文章を一字一句変えずに直接引用したほうがよいこともある。たとえば，論文の中で，ある判例によって示された法令の解釈に関する判断の当否を検討する場合などは，判決文の内容を正確に分析するためにも，判決文の該当部分を一字一句正確に引用することが必要となろう。したがって，上記の2つの引用方法は，引用の目的に応じて適切に使い分けることが大切である。

　直接引用であっても間接引用であっても，文献を引用する以上は，引用文献と自分の文章との区別を明確に示さなければならない。そのための方法が，本章で説明する脚注における出典の明示である。以下，本章では，まず法律学の論文における出典の表記方法を確認する。そのうえで，論文を執筆する際には，文書作成ソフトウェアとして Microsoft Word を使用することが多いと考えられるため，Microsoft Windows[3] と MacOS[4] のそれぞれについて，実際の操作画面を示しながら脚注機能を使用した出典の明示方法と目次機能の使い方について説明することとしたい。

的特徴が直接感得できない程度にまで至らせる場合であれば，間接引用が許されることになりましょう」と指摘している。なお，当該コラムは，佐々木通孝教授（武蔵野大学法学部）よりご教示いただいたものである。

3）　以下，3(1)および4(1)で使用しているのは，主として Microsoft® Word 2013（32ビット版）であり，バージョンによっては，画面の表示や操作方法等が異なる可能性があることをあらかじめお断りしておきたい。なお，執筆の都合上，4(1)における【図30】，【図31】，【図32】，【図33】のみ Microsoft® Word 2019（64ビット版）を使用している。

4）　以下，3(2)および4(2)で使用しているのは，Microsoft® Word for Mac（バージョン16.77）であり，バージョンによっては，画面の表示や操作方法等が異なる可能性があることをあらかじめお断りしておきたい。

2 出典の表記方法
——法律学の論文の場合

　法律学の論文における出典の表記方法は，文献の種類によって異なる。以下では，書籍，論文，インターネット文献の表記方法について例を挙げながら説明していくが，出典の表記方法には，必ずしも絶対的な正解があるわけではない。あくまでも一定のルールがあるにすぎず，最終的な表記方法は執筆者によって異なることもある。本書における表記方法は，その一例にすぎないものであることをあらかじめお断りしておきたい。

(1)　書籍を引用する場合

　書籍を引用する場合は，主として，著者名，タイトル，出版社，出版年，引用頁等を明示することが求められる。具体的な出典の表記方法は，下記のとおり書籍の種類によって異なるが，すべての書籍に共通するルールとしては，タイトルを『』で括り，改訂版の版数を〔〕で表記することとされている点が挙げられる。また，注意しなければならないのは，著者や編者が複数名いる場合には，それぞれの氏名を＝でつなぐこと，編者がいる場合には，氏名のあとに「編」をつけること，注釈書（コンメンタール）を引用する場合には，編者名のみならず，引用部分の執筆者名を〔〕で明示することとされている点である。なお，出典を明示するために必要な情報は，一般に，書籍の巻末に設けられている「奥付（おくづけ）」と呼ばれるページに記載されているため，資料集めをする際には，本文だけでなく，奥付も併せてコピーすることを心がけておくとよい。

　法律学の論文を執筆する際に参照する書籍の種類としては，主に，①単独著書，②共著書，③注釈書（コンメンタール）が挙げられるが，これらを引

用する際の出典の表記方法は，それぞれ以下のとおりである。①〜③のほか，書籍の中には，書籍として刊行されている論文集もあるが，これを引用する場合には，論文集そのものではなく，そこに掲載されている論文を引用することとなるため，具体的な出典の表記方法については，下記(2)③④を参照されたい。

① **単独著書：**

著者名『タイトル〔版〕』（出版社，出版年）頁。

（例）中田裕康『債権総論〔第4版〕』（岩波書店，2020年）○○頁。

② **共著書：**

著者名＝著者名『タイトル〔版〕』（出版社，出版年）頁。

（例）曽野裕夫＝松井和彦＝丸山絵美子『民法IV契約（LEGAL QUEST）』（有斐閣，2021年）○○頁。

③ **注釈書（コンメンタール）：**

編者名＋編『タイトル〔版〕』（出版社，出版年）頁〔執筆者名〕。

（例）窪田充見編『新注釈民法（15）債権（8）』（有斐閣，2017年）614〜618頁〔米村滋人〕。

(2) 論文を引用する場合

論文を引用する場合には，主として執筆者名，タイトル，掲載誌，発行年，引用頁等を明示しなければならないが，具体的な表記方法は，どこに掲載されている論文なのかによって異なる。以下では，①雑誌に掲載されている論文，②紀要（大学等の研究機関が発行する論文集）に掲載されている論文，③書籍として刊行されている論文集に収録されている論文，④記念論文集に収録されている論文について，一例を示しながら具体的な出典の表記方法を

紹介する。

　なお，出典を表記する際の注意点としては，第一に，論文のタイトルは，書籍とは異なり，「」で括るものとされていることが挙げられる。第二に，書籍であれば引用頁のみを明示すればよいが，論文は，必ずしも雑誌等の1頁目に掲載されているとは限らないため，引用頁のみならず，開始頁も明示することが望ましいとされていることである。開始頁と引用頁を表記する方法は複数あるが，本書では，「●●頁以下，とりわけ○○頁」（●●には開始頁，○○には引用頁が入る）という形式を用いることとする。

① **雑誌に掲載されている論文：**

執筆者名「タイトル」雑誌名○巻○号（発行年）●●頁以下，とりわけ○○頁。

（例）池田真朗＝金安妮「企業再編と事業譲渡・債務引受に関する中国最高人民法院の「規定」（法釈二〇〇三年一号）―わが国の詐害的会社分割や過払金返還請求訴訟への示唆として」旬刊商事法務2003号（2013年）14頁以下，とりわけ○○頁。

② **紀要に掲載されている論文：**

執筆者名「タイトル」紀要名○巻○号（発行年）●●頁以下，とりわけ○○頁。

（例）池田真朗「行動立法学序説―民法改正を検証する新時代の民法学の提唱」法学研究93巻7号（2020年）57頁以下，とりわけ○○頁。

③ **書籍として刊行されている論文集に収録されている論文：**

執筆者名「論文のタイトル」編（著）者名＋編or編著『書籍のタイトル』（出版社，出版年）●●頁以下，とりわけ○○頁。

（例）金安妮「SDGsをめぐる中国法の動向―生態環境保護に向けた中国法の取組み」池田眞朗編著『SDGs・ESGとビジネス法務学』（武蔵

野大学出版会，2023年）337頁以下，とりわけ○○頁。

④ 記念論文集に収録されている論文：

執筆者名「論文のタイトル」編（著）者名＋編or編著『記念論文集のタイトル』（献呈名）（出版社，出版年）●●頁以下，とりわけ○○頁。

（例）金安妮「中国における民法総則の制定とグリーン原則の導入」片山直也＝北居功＝武川幸嗣＝北澤安紀編『民法と金融法の新時代』（池田眞朗先生古稀記念論文集）（慶應義塾大学出版会，2020年）645頁以下，とりわけ○○頁。

(3) インターネット文献を引用する場合

　法律学の論文を執筆するにあたっては，法務省の公式ウェブサイトで公開されている法制審議会の議事録をはじめ，官公庁等の公式ウェブサイトに掲載されている情報をインターネット文献として引用することもある。インターネット文献を引用する場合には，主として，ウェブサイトまたは文書の作成者，タイトル，URL，最終閲覧日を明示することが求められており，ウェブサイト上で公開されているPDFファイルなど頁表記があるものについては，引用頁まで明示することが必要となる。インターネット文献は，紙媒体で刊行されている書籍や論文とは異なり，内容の修正が比較的容易であり，引用後に引用文献の内容が修正されることもある。そのため，書籍や論文を引用する場合には，最終閲覧日を明示する必要はないが，インターネット文献を引用する場合には，どの時点において公開されていた情報を引用したのかを明らかにするためにも，最終閲覧日を明示することが望ましいとされている。

　第2部で述べたように，紀要論文の多くは，機関リポジトリにおいて本文のPDFファイルが公開されており，法律雑誌に掲載されている論文も，判例秘書等のデータベースに本文のPDFファイルが収録されていることがあるが，これらは，あくまでも紙媒体で刊行されている紀要や雑誌に掲載されている論文の本文がPDFファイルで公開されているにすぎない。したがって，

仮に，インターネットで公開されているPDFファイルを閲覧して引用する場合であっても，インターネット文献としてではなく，論文として前記(2)の形式に則って出典を表記することとなるため，注意されたい。

なお，周知のように，インターネット上には，さまざまな情報が掲載されているが，必ずしもそのすべてについて十分なファクトチェックがなされているわけではなく，信ぴょう性の低い情報や正確性に欠ける情報も多く見られる。そのため，インターネットに掲載されている情報を引用する場合には，官公庁の公式ウェブサイトなど，信頼できるウェブサイトに掲載されている情報のみを引用することを心がけることが大切である。

① **法務省の公式ウェブサイトで公開されている法制審議会等の資料：**

部会名「資料のタイトル」（URL）（最終閲覧日：年月日）○○頁。

（例）法制審議会担保法制部会「第30回会議議事録（令和5年2月14日開催）」（https://www.moj.go.jp/content/001394642.pdf）（最終閲覧日：2023年6月20日）○○頁。

② **官公庁等の公式ウェブサイトに掲載されている情報：**

ウェブサイト名「ウェブページのタイトル」（URL）（最終閲覧日：年月日）。

（例）金融庁「ファクタリングの利用に関する注意喚起」（https://www.fsa.go.jp/user/factoring.html）（最終閲覧日：2023年6月20日）。

3 Wordにおける脚注の付け方

（1） Microsoft Windowsの場合

① 引用部分の最後の一字の後ろ，または，引用部分を含む一文の最後の一字の後ろにカーソルを置く（【図1】,【図2】,【図3】,【図4】）。

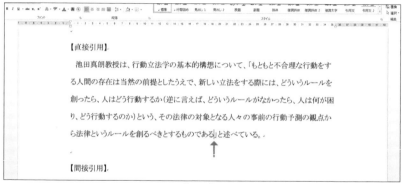

【図1】

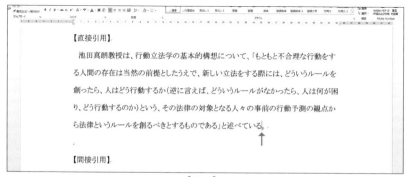

【図2】

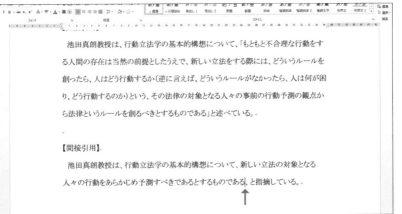

【図3】

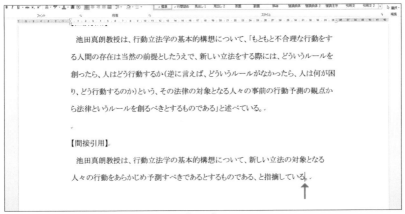

【図4】

② 画面上部のタブを「参考資料」に切り替える（【図５】）。

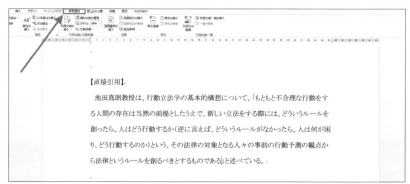

【図５】

③ 「参考資料」のタブの中にある「脚注の挿入」（A）または「文末脚注の挿入」（B）をクリックする。「脚注の挿入」（A）を用いた場合には，各ページの下部に脚注が配置され，「文末脚注の挿入」（B）を用いた場合には，文書の最後に脚注がまとめて配置されることとなるため，脚注をどこに表示させたいかによって使い分けるとよい（【図６】）。

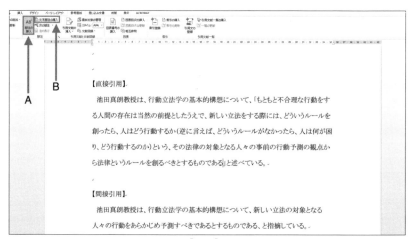

【図６】

④ 「脚注の挿入」または「文末脚注の挿入」をクリックすると，カーソルを置いた場所と，ページの下部または文書の最後にそれぞれ同じ脚注番号が表示される。たとえば，間接引用の引用部分を含む一文の最後にカーソルを置いて，「脚注の挿入」をクリックすると，【図7】のように，カーソルを置いた部分に「1」という脚注番号が表示されると同時に，ページ下部にも同じく「1」という脚注番号が表示される。

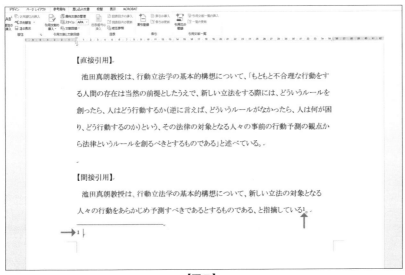

【図7】

⑤　ページの下部または文書の最後に表示される脚注番号の後ろは，テキストを追加することができるようになっているため，前記2で紹介した表記方法にしたがって引用部分の出典を入力する。なお，間接引用の場合には，間接引用であることを示すために，つまり，引用元の文章を執筆者自身の言葉で表現していることを示すために，出典の最後に「参照」と付記することもある（【図8】）。

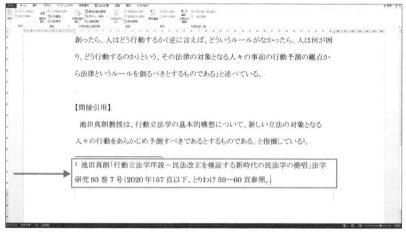

【図8】

⑥　同じ文献を複数回にわたって引用する場合には，最初の脚注においてのみ出典をフルで表記し，2回目以降の脚注では，「執筆者の姓・前掲注（最初の脚注の番号）引用頁」という形式で表記するのが一般的である。

前掲注の括弧内の脚注番号は，もちろん手動で入力してもよいが，最初の脚注の前に別の脚注を挿入したり，最初の脚注の前の脚注を削除したりすると，最初の脚注の番号も変わることとなる。そうすると，前掲注の括弧内の脚注番号もすべて更新しなければならないのだが，脚注を挿入したり削除したりするたびに手動で一つずつ更新するのが煩雑であると感じる場合には，すべて一括で更新できるように，**相互参照**の機能を活用するとよい。

相互参照の機能を使用する場合は，まず，前掲注の括弧内にカーソルを置

き，画面上部のタブを「参考資料」に切り替えてから，「相互参照」をクリックする（図9）。次に，参照する項目を，「番号付きの項目」から「脚注」または「文末脚注」に切り替える（【図10】，【図11】）。なお，【図11】は，「脚注」に切り替えた場合の画面である。さらに，ウィンドウ下部に表示される「参照先」の中から同じ文献の最初の脚注を選び（【図11】），「挿入」をクリックすると，最初の脚注の番号が括弧内に表示される（【図12】）。ここまでが，前掲注の括弧内に最初の脚注の番号を挿入するための操作である。そして，最初の脚注の番号自体が変更となった場合には，ショートカットキー「Ctrl＋P」で印刷プレビューを表示させる操作をすると，前掲注の括弧内の脚注

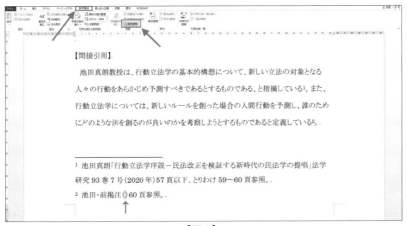

【図9】

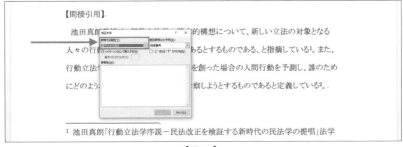

【図10】

番号もすべて一括で更新することができる。

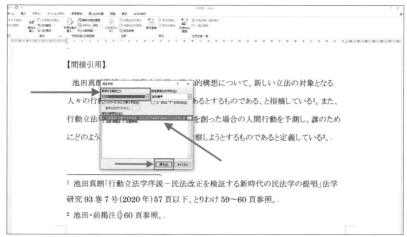

【図11】

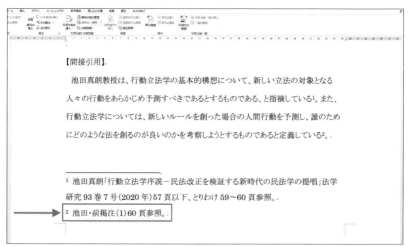

【図12】

(2) MacOSの場合

① 引用部分の最後の一字の後ろ，または，引用部分を含む一文の最後の一字の後ろにカーソルを置く（【図13】，【図14】，【図15】，【図16】）。

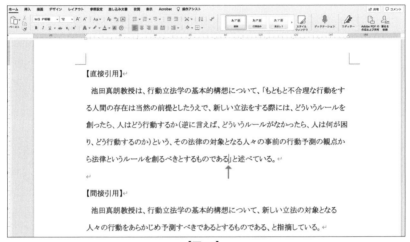

【図13】

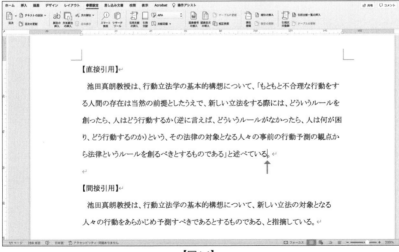

【図14】

【図15】

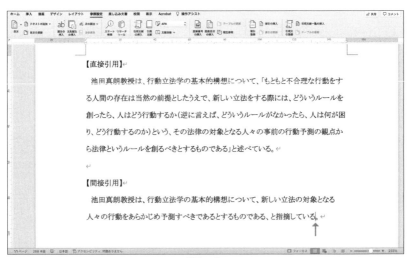

【図16】

② 画面上部のタブを「参照設定」に切り替える（【図17】）。

【図17】

③ 「参照設定」のタブの中にある「脚注の挿入」（A）または「文末脚注の挿入」（B）をクリックする。「脚注の挿入」（A）を用いた場合には，各ページの下部に脚注が配置され，「文末脚注の挿入」（B）を用いた場合には，文書の最後に脚注がまとめて配置されることとなるため，脚注をどこに表示させたいかによって使い分けるとよい（【図18】）。

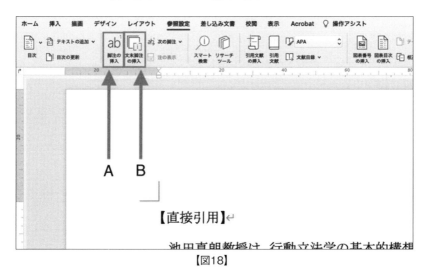

【図18】

④　「脚注の挿入」または「文末脚注の挿入」をクリックすると，カーソルを置いた場所と，ページの下部または文書の最後にそれぞれ同じ脚注番号が表示される。たとえば，間接引用の引用部分を含む一文の最後にカーソルを置いて，「脚注の挿入」をクリックすると，【図19】のように，カーソルを置いた部分に「1」という脚注番号が表示されると同時に，ページ下部にも同じく「1」という脚注番号が表示される。

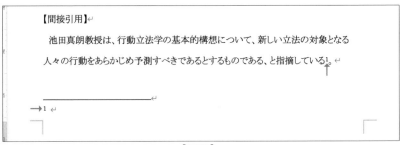

【間接引用】

　池田真朗教授は、行動立法学の基本的構想について、新しい立法の対象となる人々の行動をあらかじめ予測すべきであるとするものである、と指摘している1。

――――――――――――
→1

【図19】

⑤　ページの下部または文書の最後に表示される脚注番号の後ろは，テキストを追加することができるようになっているため，前記2で紹介した方法にしたがって引用部分の出典を入力する。なお，間接引用の場合には，間接引用であることを示すために，つまり，引用元の文章を執筆者自身の言葉で表現していることを示すために，出典の最後に「参照」と付記することもある（【図20】）。

【間接引用】

　池田真朗教授は、行動立法学の基本的構想について、新しい立法の対象となる人々の行動をあらかじめ予測すべきであるとするものである、と指摘している1。

1 池田真朗「行動立法学序説－民法改正を検証する新時代の民法学の提唱」法学研究 93 巻 7 号（2020 年）57 頁以下、とりわけ 59～60 頁参照。

【図20】

⑥ 同じ文献を複数回にわたって引用する場合には，最初の脚注において
のみ出典をフルで表記し，２回目以降の脚注では，「執筆者の姓・前掲注（最
初の脚注の番号）引用頁」という形式で表記するのが一般的である。

前掲注の括弧内の脚注番号は，もちろん手動で入力してもよいが，最初の
脚注の前に別の脚注を挿入したり，最初の脚注の前の脚注を削除したりする
と，最初の脚注の番号も変わることとなる。そうすると，前掲注の括弧内の
脚注番号もすべて更新しなければならないのだが，脚注を挿入したり削除し
たりするたびに手動で一つずつ更新するのが煩雑であると感じる場合には，
すべて一括で更新できるように，**相互参照**の機能を活用するとよい。

相互参照の機能を使用する場合は，まず，前掲注の括弧内にカーソルを置
き，画面上部のタブを「参照設定」に切り替えてから，「相互参照」をクリッ
クする（【図21】）。

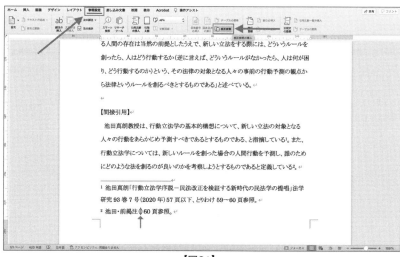

【図21】

次に，参照する項目を「番号付きの項目」から「脚注」または「文末脚注」に切り替える（【図22】，【図23】）。なお，【図23】は，「脚注」に切り替えた場合の画面である。さらに，ウィンドウ下部に表示される「脚注の参照先」の中から同じ文献の最初の脚注を選び（【図23】），「挿入」をクリックすると，最初の脚注の番号が括弧内に表示される（【図24】）。ここまでが，前掲注の括弧内に最初の脚注の番号を挿入するための操作である。そして，最初の脚注の番号自体が変更となった場合には，脚注または文末脚注内の任意の場所にカーソルを置き，ショートカットキー「command + A」で脚注部分をすべて選択し，ショートカットキー「shift + option + command + U」を押せば，前掲注の括弧内の脚注番号もすべて一括で更新することができる。

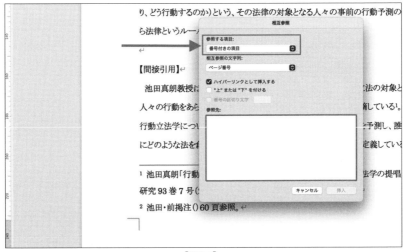

【図22】

【図23】

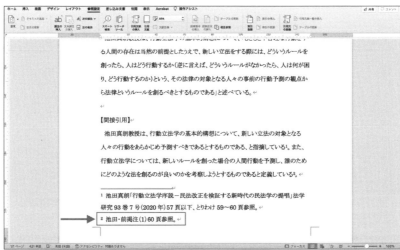

【図24】

4 Wordにおける目次の付け方

(1) Microsoft Windowsの場合

① 目次に追加したい見出しのところにカーソルを置き，章に相当する見出しであれば，「ホーム」のスタイルギャラリーの「見出し1」を，節に相当する見出しであれば「見出し2」を，項に相当する見出しであれば「見出し3」をクリックする（【図25】）。

なお，②以下では，一例として，章と節に相当する見出しを目次に追加する場合の操作方法について述べていくこととする。

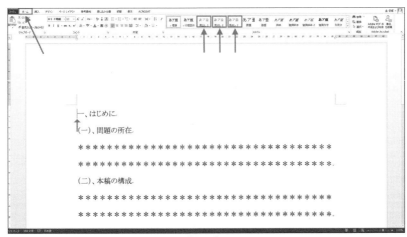

【図25】

② 前記①の手順にしたがって目次に追加したいすべての見出しに見出しスタイルを適用したら（【図26】），画面上部のタブを「参考資料」に切り替え，一番左にある「目次」のアイコンをクリックする（【図27】）。表示されたメ

ニューの中から，「自動作成の目次１」または「自動作成の目次２」を選んでクリックすると（【図28】），文書の最初に目次を挿入することができる（【図29】）。なお，【図29】における枠内の目次は，「自動作成の目次２」で作成したものであるが，「自動作成の目次１」で目次を作成する場合には，目次のタイトルは「目次」ではなく「内容」となる。

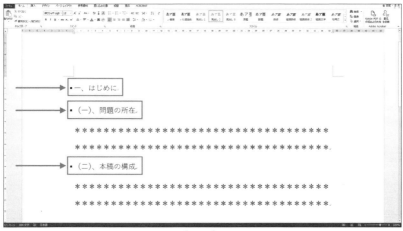

【図26】

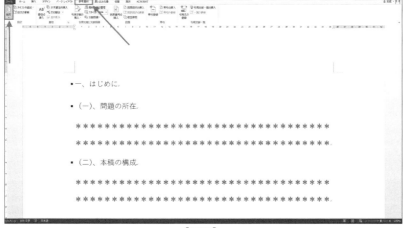

【図27】

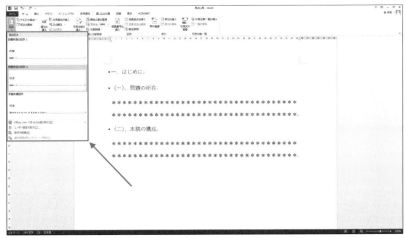

【図28】

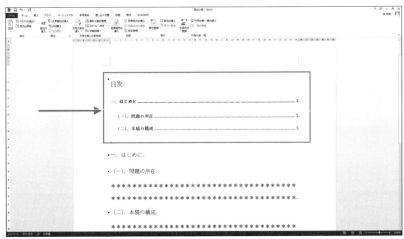

【図29】

114

　③　既定の見出しスタイルを適用すると，適用前に使用していた書式（フォント，文字サイズなど）とは異なるものに変更されてしまうことがある（たとえば，見出しスタイル適用前の【図30】と，適用後の【図31】を見比べてみると，見出しスタイルを適用したことによって見出しのフォントが「MSP 明朝」から「游ゴシック Light」に変わっていることがわかる）。もちろん，書式が変更された見出しについて，一つずつ元の書式に戻したり，任意の書式を設定したりしてもよいが，元の書式に戻したりする操作を逐一行うのが煩雑であると感じる場合には，見出しスタイルを適用する前に，あらかじめ「見出し１」，「見出し２」，「見出し３」の書式を設定しておくとよい。

　たとえば，「見出し１」の書式を設定する場合には，まず，スタイルギャラリーの中にある「見出し１」にカーソルを合わせて右クリックし，右クリックで表示されるメニューの中にある「変更」をクリックする（【図32】）。そうすると，「スタイルの変更」というウィンドウが表示されるため，「書式」の項目でフォントや文字サイズ等を指定したうえで，ウィンドウの下部にある「OK」をクリックすればよい（【図33】）。

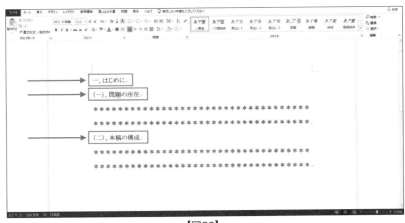

【図30】

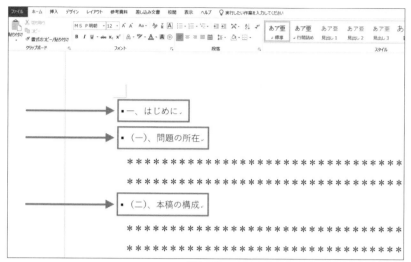

【図31】

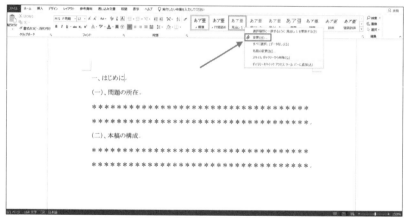

【図32】

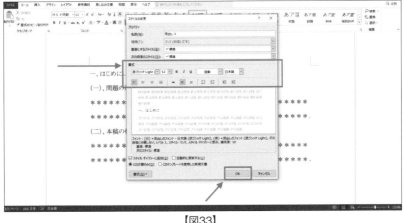

【図33】

④　見出しスタイルを適用する場合には，見出しスタイルを適用した見出しにすぐに移動することができる「ナビゲーションウィンドウ機能」も併せて活用するとよい。【図34】のように，画面上部のタブを「表示」に切り替えて，「ナビゲーションウィンドウ」の項目にチェックを入れると，画面の左側にナビゲーションウィンドウを表示させることができる。ナビゲーションウィンドウの「見出し」のタブの中には，見出しスタイルを適用している見出しが一覧で表示されるようになっているため，移動したい見出しのテキストをクリックすれば，すぐにその見出しがある箇所に移動することができる（【図35】）。

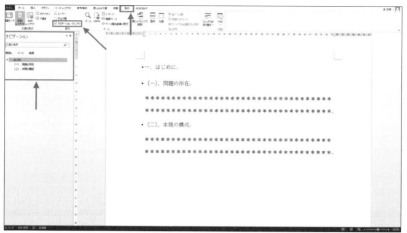

【図34】

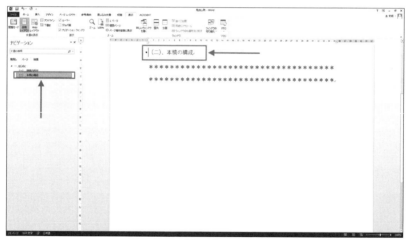

【図35】

⑵ MacOSの場合

①　目次に追加したい見出しのところにカーソルを置いて（【図36】），「ホーム」の中にあるスタイルギャラリーを開く（【図37】）。章に相当する見出しであれば「見出し１」を，節に相当する見出しであれば「見出し２」を，項に相当する見出しであれば「見出し３」をクリックする。なお，②以下では，一例として，章と節に相当する見出しを目次に追加する場合の操作方法について述べていくこととする。

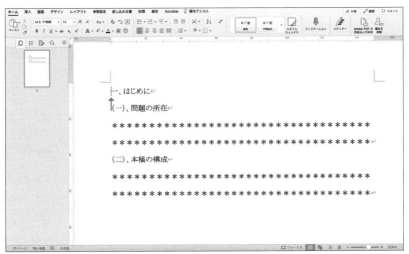

【図36】

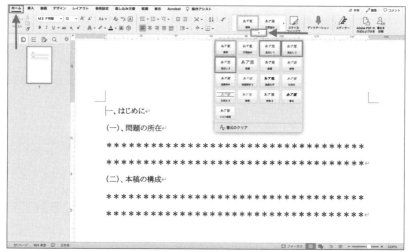

【図37】

　②　前記①の手順にしたがって目次に追加したいすべての見出しに見出し
スタイルを適用したら（【図38】），画面上部のタブを「参照設定」に切り替え，
一番左にある「目次」のアイコンをクリックする（【図39】）。そうすると，「自
動作成の目次」というメニューが表示されるため（【図40】），表示されたメ
ニューの中から任意の目次スタイルを選んでクリックすれば，【図41】のよ
うに文書の最初に目次を挿入することができる。なお，【図41】における枠
内の目次は，「フォーマル」を選択して作成したものである。

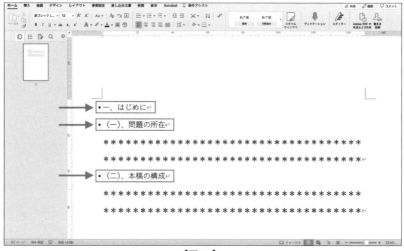

【図38】

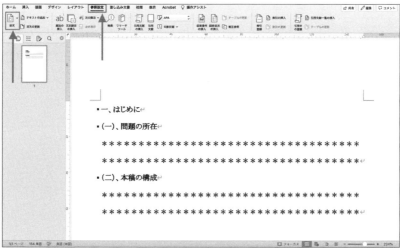

【図39】

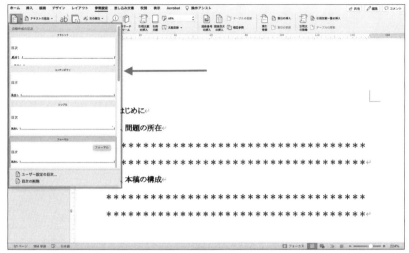

【図40】

【図41】

③　既定の見出しスタイルを適用すると，適用前に使用していた書式（フォント，文字サイズなど）とは異なるものに変更されてしまうことがある（たとえば，見出しスタイル適用前の【図42】と，適用後の【図43】を見比べてみると，見出しスタイルを適用したことによって見出しのフォントが「MS P 明朝」から「游ゴシック Light」に変わっていることがわかる）。もちろん，書式が変更された見出しについて，一つずつ元の書式に戻したり，任意の書式を設定したりしてもよいが，元の書式に戻したりする操作を逐一行うのが煩雑であると感じる場合には，見出しスタイルを適用する前に，あらかじめ「見出し１」，「見出し２」，「見出し３」の書式を設定しておくとよい。

たとえば，「見出し１」の書式を設定する場合には，まず，スタイルギャラリーの「見出し１」にカーソルを合わせて右クリックし，右クリックで表示されるメニューの中にある「変更」をクリックする（【図44】）。そうすると，「スタイルの変更」というウィンドウが表示されるため，「書式設定」の項目でフォントや文字サイズ等を指定したうえで，右下の「OK」をクリックすればよい（【図45】）。

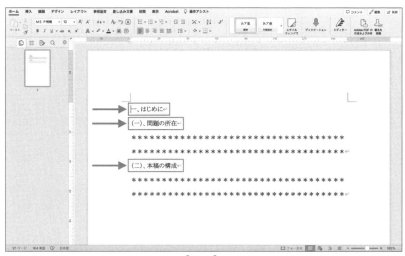

【図42】

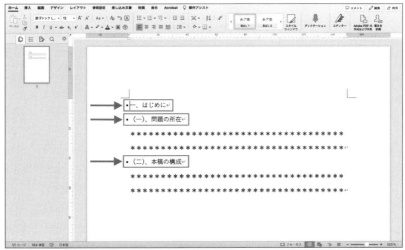

【図43】

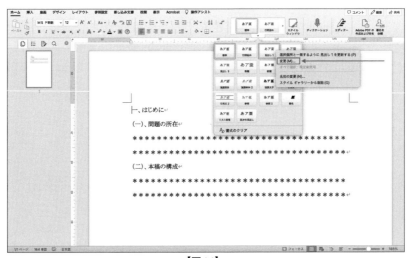

【図44】

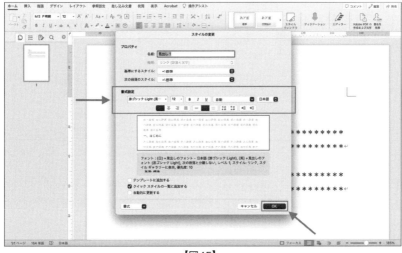

【図45】

　④　見出しスタイルを適用する場合には，見出しスタイルを適用した見出しにすぐに移動することができる「ナビゲーションウインドウ機能」も併せて活用するとよい。【図46】のように，画面上部のタブを「表示」に切り替えて，「ナビゲーションウインドウ」の項目にチェックを入れると，画面の左側にナビゲーションウィンドウを表示させることができる。ナビゲーションウィンドウの上部にあるタブを左から２番目のタブに切り替えると，見出しスタイルを適用している見出しが一覧で表示されるようになっているため，移動したい見出しのテキストをクリックすれば，すぐにその見出しがある箇所に移動することができる（【図47】）。

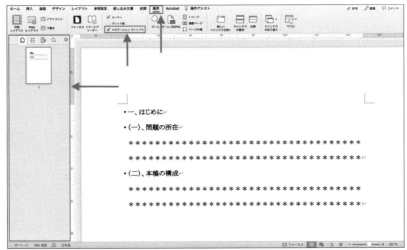

【図46】

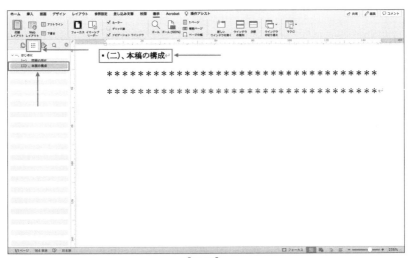

【図47】

第 **4** 部 論文内容の指導例

1 法学系卒業論文の具体的指導

(1) 何から書くか——仮の「序論」について

それではここで，形式ではなく，内容に関して，いくつかの具体的な指導例のような形でアドバイスを付け加えておこう。第1部で書かなかったことも，書いたことを繰り返して強調することもある。

そのアドバイスも，法学系論文の場合は，実は伝統的な解釈論のテーマと，現代的なテーマでは，かなり異なるのである。とりあえず，レベルとしては卒業論文レベルに設定して話をしよう。

「論文を書くのは初めてなので，何から書いたらいいのかもわかりません」という人がいる。本当は，いわゆるレポートをいくつか書いているうちに，序論⇒本論⇒結論という流れくらいはわかってもらっていないと困るのだが，とにかくまずは自分なりの問題設定を書いていただく必要がある。

そこで第一のアドバイス。序論は，最初に書くのだけれど，最初に書く段階では，何もわかっていないのだから，その序論の問題設定が正しいかどうかもわかっていない，というケースが多い。だから，最初に書く序論は，あくまでも仮の序論であって，必ず最後に正式の「序論」を書き直す，ということをやっていただく必要がある。

つまり，最初に書く序論は，文字通り「仮説」の設定だと思っていただきたい。

それをわかっていただいたうえで，まずは素直になること。

「私は何もわかってない。だから問題設定自体が間違っているかもしれない。だから，調べているうちに全然違う結論がでてくるとか，問題設定自体が意味がない（あるいは成り立たない）こともあるかもしれない」と思うのであ

る。まさに論文書きの最初は，トライアルアンドエラーから始まるのである。

　それを，意固地になって，自分の「仮説」に固執して，考えを曲げない態度を取れば，適切な論文は書けない。仮説が成り立たないことがわかっても，何もがっかりする必要はないし，そこでやる気をなくす人は考えが甘い。一つ利口になったと思って，また初めからやり直すのである。

(2)　伝統的テーマから現代的テーマへ？
　　──伝統的（解釈学的）テーマの展開例

　法律学の場合，伝統的な，つまり多くの場合はいわゆる「論点」とされている解釈学的なテーマの場合には，ほとんどのケースで，多くの学者がいわば寄ってたかって細かい議論を戦わせてきているので，卒業論文レベルではつけ入るスキがない，ということが多い。ただ，時代が変われば，解釈論の基礎になる価値基準が変わる。そういうところに問題意識を向ける論文は，卒論レベルでもありうるだろう。

　確かに，出来上がっている条文の純粋な解釈学のテーマでは，卒業論文で新理論を打ち出す，などということは難しい。だから，たとえば民法でいえば，最近は，新しく法改正のあった部分や，社会のニーズに応える法律ができていない部分を考える卒業論文が増えているようである。

　それから，自分なりの「なぜ」を見つけると，伝統的解釈論と思っていたものが新たな様相を見せてくることもある。

　たとえば，不動産の抵当権がその価値が変わったものと認められるものにまで及ぶ制度である「抵当権の物上代位」について，債務者が持っている抵当目的不動産を貸し付けた賃料債権は物上代位の対象になるか，を調べると，答えは「はい」で，「平成年代に入って判例がたくさん認めています」という解答が見つかる。「条文がもともと認めているとも読めます」という答えもでてくる。もっと調べると，物上代位をするための「差押え」という要件の意味について，いくつかの学説があったこともわかる。

ただ，ここまででは，単に抵当権の物上代位に関する判例や学説を「調べた」だけで，そういう課題の「レポート」にはなるが，「論文」としての要素はどこにもない。

　しかしそこに，一つの「なぜ」が加わると，透明な水が一滴の化学物質でいっぺんに着色されるように，「論文」ができるのである。

　「平成年代に入って判例がたくさんある」と調べられた。では，なぜそれまでは，明治，大正，昭和と「賃料債権の物上代位」の判例がなかったのか。この「なぜ」が実に魅力的な，「論文への触媒」なのである。

　そもそも不動産の抵当権って何ですか。「お金を貸した担保として土地や建物に抵当権を設定して，債務者が返せないってなったときにそれを実行して，その土地や建物を競売して，その売上金から貸したお金と利息を回収するものです」。じゃあ債務者がお金を返してくれないのなら物上代位なんてしないで，抵当権を実行すればいいじゃないですか。なぜ物上代位をするんですか。「それは……」。

　と，そこまで考えたら，なぜ判例が平成年代になって出てくるのかがわかるだろう。

　答えは「バブル経済の崩壊」である。例えば，土地が値下がりしなければ，もっと言えば順調に値上がりしている時代なら，1,000万円を貸して時価1,000万円以上に評価される土地に抵当権を設定すれば，相手がお金を返してくれなければ抵当権を実行して換価処分し，自分の債権額をそこから回収すればいいだけのことである。それが，平成年代に入って，バブル経済崩壊で，土地や建物が値下がりする事態になった。たとえば，1,000万円はするはずだった土地が，700万でも売れないとなれば，抵当権を実行しても貸金は全部が回収できない。そもそも土地の買い手がつかない。担保付きの確実な債権だったはずが「不良債権」になってしまった。だから，抵当権の実行はせずに，その目的不動産が賃貸されているのだったら，その賃料債権に物上代位をして，貸金を少しずつ回収していくのである。だから，日本経済が成長を続けていた昭和の時代までは，賃料債権に物上代位をする必要がなかった。だか

ら，判例も出ていない，のである。

　そうすると，このあたりからどんどん話は「論文」に向けて広がっていく。なぜ平成年代になって賃料債権の物上代位の判例が出始めたのかはわかった。しかも，それらの判例では，物上代位の差押えの意味について，「第三債務者保護」のためという新しい説明をしている。これは昔からある「特定性維持説」，「優先権保全説」などとどう違うのか。

　ただ，ここで，単に学説・判例の解釈学的比較を始めてしまったら，実は失敗である。この話はそういう平板な解釈論の話ではないのである。

　債権者（抵当権者）A，債務者（抵当権設定者）B，Bが抵当目的物のビルをC_1からC_{10}の10人に貸している，としよう。実はBは，このビルを建てた資金を回収するため，ビルの賃料債権を，将来発生するものも含めて，Dに譲渡していた。そうすると，BからDへの賃料債権譲渡と，Aの抵当権はどちらが勝つのか。このような，資金調達のための将来債権譲渡も，実はほぼ時を同じくして，西暦でいうと1990年代から，広く行われるようになってきていたのである。ここに至って，「賃料債権の物上代位と将来債権譲渡の優劣」という論文が書けることになる。

　実は，一見いわゆる解釈学の問題に見える「物上代位の差押えの意味」に関する複数の学説と判例の考え方だが，かつての「特定性維持説」，「優先権保全説」と「第三債務者保護説」とは，いわば単純に同一平面には置くことのできない，観点の違うものなのである（注意しておくが，判例は「説」を立てているものではない。あくまでも個々の紛争事案の適切な解決策を見出そうとしているのであって，それを○○説と呼ぶのは，学者たちがそういう名前を付けているだけのことである）。

　私見では，「第三債務者保護」は，抵当権者を勝たせるための（つまり，見方によってはいわばバブル崩壊後の不良債権の続出状況を手当てするための）政策的判断ともみられる理由づけだった。というのは，物上代位をする際の手続きとして必要な「差押え」をすることが，優先関係を決める「対抗要件」として機能するものであるならば，抵当権者は，タイミングとして賃

料債権譲渡の「対抗要件」（多くの場合，民法467条2項の特例である債権譲渡登記が，将来債権譲渡契約をしたタイミングでなされている）に勝てないケースがほとんどになってしまう。だから抵当権者を勝たせるためには，この「差押え」は，「対抗要件」の色彩を持ってはいけないのである。

　だから判例は，「差押え」は「第三債務者保護」のためにするのだという考え方を打ち出して[1]，競合する権利者との優先関係を決定する要素ではない，と言わなければならなかったのである。そして判例が選んだ「対抗要件」が……。

　という話になるのだが，ここではそのあたりで止めておこう。つまり，「なぜ平成年代になって」，という一つの「なぜ」が，論文につながる実例として理解していただければよい。

　いずれにしても，伝統的な解釈学のテーマの場合は，学説や判例を正確に，適切に引用すること。また，自説の開示に至るまでの論旨の展開を，的確・重厚に行うこと。それらが評価の対象になる。

(3)　現代的テーマを選んだ場合の注意点

　では今度は，法律が出来ていない，いわば法律が時代を追いかけきれていないようなテーマを選ぶ場合の留意点を挙げておこう。

　私の2016年度のゼミ卒業生の卒業論文に「AIは代理人たりうるか」というものがあった。AI（人工知能）は，2016年にはもちろん論じられてはいたが，まだそれほど注目されるレベルにはなかった，2023年になって，いわゆる対話型の生成AI（Chat GPTなど）が，大変な問題になったわけである。だから，2016年度の卒論でこのテーマを選んだのは，非常に先進的，意欲的なテーマ選択だったわけである。

---

1)　もっとも，第三債務者保護説のルーツは，そもそもボワソナード旧民法典にあったという研究も示されている。詳細は生熊長幸『物上代位と収益管理』（有斐閣，2003年）3頁以下参照。

こういうテーマを選ぶことも可能ではある。ただそのような場合の問題点は，たとえばAIができることをいろいろ調べて，「これだけのことができる（あるいは，できそうである）。だから，代理人にもなれる（なれそうである）」などと論じるのは，まったく法律論文になっておらず，失格ということである。

　たとえば，冒頭で，AIがどれだけのことができるのか，を例示したとする。そうしたら，現行の法律（まずは民法）における「代理人」の資格要件を検討しなければならない。現行法においてどの点がネックになるのか。それはどういう解釈をすれば，あるいはどういう新しいルールを創れば突破できるのか。などと論理を展開していくのである。

　だから，現行法の勉強をおろそかにして新しいテーマの卒業論文を書こうとするのは間違いである。新しい現代的なテーマで論文を書こうとする人ほど，現行法の解釈論はしっかりやっておかなければならない，ということを強調しておきたい。

(4)　法律論文が書けるようになるための日頃の学習

　学生諸君を観察していると，法律の論文が書けるようになるためには，日ごろの学習の「質」が問題であるということがわかる

　良い論文とされるのは，着眼点が優れているもの，論理が明快で論証が手堅いもの，資料が適正に利用されているもの，論調の客観性が担保されているもの（結論を自分の仮説に持って行きたい，などのものはダメ）。少しでも独創性を出そうとしているもの，などと指導をするのだが，そういう良い論文が書けるかどうかは，例えば普段のゼミでの勉強ぶりを見ていればわかる，ということなのである。

　第1部の6(2)でも少し触れたことをここで詳しく書いておこう。ことに新型コロナウイルス蔓延後の最近の学生諸君に多く見かけるのだが，ゼミで報告をした人にこちらが質問をして，「そんなことは誰が言っているんですか」，

「判例のどこにそんなことが書いてあるんですか」と聞くと，あわててパソコンを開く。ゼミ生同士でディベートをさせても，相手チームの質問があると，答えるのではなくパソコンを見る。これでは全くディベートにならない。

　つまり，このような人たちは，問題点が頭に入っていないのである。集めた資料の読み込みや理解が不足しているのである。

　いいですか，知識や理解を入れるのは自分の頭であってパソコンではない。パソコンは資格試験の会場に持っていけない。社会人になって会社でプレゼンテーションをして，質問をされてパソコンやスマホで調べていたら失格である。

　データベースから判例や学説を調べて画面で読んで保存をして，レポートはその画面から適当に資料をつなぎ合わせて書いて，などという勉強でその場しのぎを繰り返しているような人には，良い論文は絶対に書けない（「絶対もうかります」は悪徳商法の言い方だが，ここでは「絶対書けません」と保証しよう）。データをパソコンに保存するのは勉強でもなんでもない。保存する先は自分の「頭の中」なのである。

　報告に必要な資料を集めたら，やはり大事なところは紙に打ち出して，そこにマーカーで線を引いたりするだけでなく，自分の評価や考えのメモを書き込む。手を動かして実際に文字を書きなさい。それで初めて理解が定着するのです。

　ゼミで報告するときは，そういう書き込みまでしたコピーをしっかり持ち込んで，しかも質問されそうな順番に並べて，机の上に準備するのです。

　そういう勉強を繰り返していると，初めて良い論文が書けるようになる。要するに，「日ごろの行い」が良くなければ，良い論文は書けないのである。

コラム　質問されそうな順番

　上に，「書き込みまでしたコピーをしっかり持ち込んで，しかも質問されそう
な順番に並べて，机の上に準備する」と書いた。この，「質問されそうな順番」
がわかるというのは，論文を書ける重要な要素なのである。つまり，「質問され
そうな順番」がわかるということは，自分の論旨の展開が頭に入っているという
ことであり，またその議論の核心点がわかっている，自分の論証の弱点や相手が
関心を持ちそうなところも想像できている，ということなのである。日頃のゼミ
で，そういう訓練を自分に課している人には，論文執筆に限らず，努力は必ず報
われる，と申し上げておこう。

　私は，かつてある学会関係の専門誌で，一定カテゴリー（契約であるとか，担
保であるとか）の一年分の民事判例の概略解説をする原稿を書いていたことがあ
る。その際は，対象判例・裁判例のリストをつくり，そのリストに載せた判例・
裁判例のコピーを，ゼミ生にアルバイトで頼んでいた。当然，そのリストの順番
通りに膨大なコピーが届けられるのだが，ある時，一人だけ，順番を変えて届け
てきた学生さんがいた。「先生のお使いになるだろう順番に並べておきました」
というのである。つまり，その専門誌では，カテゴリーの中をいくつかの項目に
分けて解説するのだが，その学生は，膨大なコピーをその項目ごとに分類し（つ
まり私の書いている解説をしっかり読んでいるということである），その項目の
中では関係条文の若い順に（これも私が執筆の際に採用していたやり方である）
並べて届けてきたのである。

　こういう人を「栴檀は双葉より芳し」というのである。この人は，不動産鑑定
士になり，立派な専門書も出版されて，今はその協会の重要メンバーになってい
るという。

2 卒業論文執筆のすすめ

　現在，各大学の法学部では，卒業論文が必修のところもあるが，任意になっているところや，各ゼミの単位を与える指導教員の意向次第というところもあるようである。

　ただ，私は，大学の制度にかかわらず，卒業論文の執筆を勧めている。

　それは，もちろん，大学4年間の学びの集大成ということもあるのだが，卒業論文を書いた人だけが味わえる「卒論の味」を知ってほしいからなのである。

　本書を読んで，十分な資料検索をして，しっかり卒業論文を書き上げた人は，もちろん，それなりの達成感を得るだろう。けれども，その一方で，（しっかりやった人ほど）ここまでしかできなかった，といういわば慙愧の念を持つはずである。

　つまり，学問は，やればやるほど，先が見えてくる。卒業論文レベルでは，一生懸命やった人ほど，その「先」がどれだけあるのかが見えてしまうのである。自分なりによくやった，と思うと同時に，結局ここまでしかできなかった，と感じる。それこそが「卒論の味」なのである。ぜひその「味」を知って卒業してほしい，と思うのである。

　そのうえで，「いいではないですか，とにかく君は4年間の学生生活の成果を形にして残せた。もう論文を書くこともないかもしれない，でもこの経験は社会に出てからもどこかで役立ちます，記念に提出した論文のコピーはしっかり残しておきなさいね」という励まし方もある。

　けれども，中にはその「やり残し感」を梃子にして，研究職を目指して大学院に進む人もでてこよう。さらには，第1部に書いたように，入った会社で昇進や業種変換のために論文を書く機会があり，この卒業論文の経験が生

きる人も出てくる。

　だから，是非卒論を書いてください。この本をよく読み込んで，できるだけの努力をしてください。人生にどんな役に立つかはわからないけれど，必ずや良い経験になるといえるし，決して何も損をすることはない。そして，考えてみれば人生は，達成感とやり残し感の繰り返しです。それを自覚する最初の好例が卒業論文です。──これが私の「卒論制作のすすめ」である。

コラム　恩師の添削指導

　本文に書いたように，卒業論文は，達成感とやり残し感の混ざったものでいいと思うのだが，修士論文となるとそうはいかない。修士で終えて社会に出る（あるいは社会人で企業等に戻る）場合も，博士後期課程に進む場合も，大学院で書く論文は，プロのレベルを意識したものでなければならないし，指導する側もそういう見識で指導をしなければならない。

　私が修士課程１年で初めて書いた論文を，大学院生の論文集に寄稿しようとしたときのことである。私は幸福な人間で，沿革に基づく解釈論的な内容については，まず前掲の指導教授内池慶四郎先生に指導を受けたうえで，書き上げたフランス民法関係の論文を，フランス法のご専門で，私が経済学部から法律の道に進む背中を押してくださった，もうひとりの恩師林脇（高鳥）トシ子先生に見ていただくことになった。

　その時私は愕然としたのだが，林脇先生は，フランス法関係の引用をチェックしてくださっただけでなく，内容について，これはいらない，これも余計，と，私の論文の３分の１近くを削除されたのである。一所懸命に書き上げて自分では十分に推敲したつもりの論文が，文字通りズタズタにされてしまった。内心かなりショックを受けながらも大学院論文集に投稿したのだが，公刊の翌年，思いがけない出来事が待っていた。

　この慶應義塾大学大学院法学研究科論文集に掲載された私の論文「民法478条論序説」（改正前の債権準占有者に対する弁済に関するもの）を，法政大学の，後に総長まで務められた，債権法の大家下森定先生が，法学セミナー誌のご自分のご論文に引用してくださったのである。これが私の作品の，学術論文引用第１号になった。

おそらく，私の最初の原稿は，あれもこれもと調べたことを書き連らねていたのであろう（若い研究者志望の諸君に実際良くあるパターンである）。それが，林脇先生の大幅削除で，論旨が明快になり，下森先生のご評価につながったのではないか。

　まことに恩師に感謝するばかりであるが，同時に，自分の教え子にあれだけの親身にして真摯な指導をしてこられたかと自省する。

　本書が説いてきた「論文の書き方」は，実は学問の襷（たすき）をつなぐ大変重要な問題であることを，読者に，ことに研究職を目指す諸君には，是非認識していただきたい。

お わ り に

(1) AI時代の執筆者のリスクと義務

　2023年の段階では，AI，ことにChat GPTなどの対話型生成AIが問題にされるようになっている。

　どこまでその技術が進展するか，現状ではまだ見通せないが，質問に対してコンピューターがある程度適切な回答を示してくれることから，教育現場では，論文やレポートをコンピューターに書いてもらうという事態が生じるのではないか，と懸念されている。

　もちろん，モラル面から，さらに教育の質保証の観点から，そのようなことを全面的に禁じるという指導は当然あろうが，今後の教育指導は，そのような生成AIの存在を前提にして対処していくことになろう。

　つまり，AIの回答を（それが間違っている場合も多くみられるが）そのまま採用してレポートを書く等ということはもちろん論外なのであるが，例えばレポートのレベルでは，評価する側としては，レポートの代わりに対面の口述試験を増やしていけばよいし，オンラインで提出させるレポートの場合は（実はこれまでも他人がなりすましで書いている可能性はあったのであるが），AIにその判断の前提となる情報が入っていないような，当該授業固有の内容について書かせてみればよい。

　論文のレベルでいえば，たとえばテーマ選びなどは，何も考えつかないような人がいくつかの前提の質問を入れていけば，AIがそれなりの導線を示してくれることはありそうである（ただそれには，たとえば法律学ならば法律学の，それなりの量の判例や学説が，AIが探せるかたちで入っていることが前提になるのであって，十分な情報を持っていないAIは「平気で嘘をつく」ということもよく言われる）。ただそもそも的確な問いかけができなければ，コンピューターが誤った答えを出してくることも当然と思われる。

また，指導する側の対応としては，卒業論文で言えば，本書で書いたテーマ提出の手続きに始まって，中間報告を繰り返させれば，不自然さがあれば当然見えてくるだろうし，何よりも大事なのは，本書の冒頭のほうに書いたように，卒業論文のオリジナリティを「自己表現」，「その人らしさ」で判断できるような関係性を持った指導ができているかどうかで，それができていれば，この生成AIの問題はかなり片付くのではないかと考えている。

　そしてこれからは，プロから見れば当たり前の，ありきたりのことはAIが十分できる時代になろう。だから，小学生にAIの使い方を習熟させるのはいいことかもしれないし（正しい質問をする能力が開発される），市役所等でルーティンの文書を作るのもAIに手伝わせればよい。要するに，AIを忌避するよりも作業の導入等で賢く利用することはあってよいことなのである。

　おそらくAIが苦手とするのは，評価や価値判断（規範的判断力）の問題であろう。そこに，論文でもっとも大事なイマジネーションとクリエイティビティ，そしてオリジナリティの問題がかかわる。おそらく，執筆途中でのヒントを得たりするうえで，生成AIを利用する人は結構出てくるかもしれない。私は，それを見つけて咎めだてしたりするのはあまり意味がないことと考えている。大学教員は，「自己表現」，「その人らしさ」を卒業論文などの判断基準にしていければ，時代がどう進展しても，それほど多くの弊害は出てこないのではないかと考えている。

　だから，生成AIを使う場合の一番の問題は，AIの出した答えの当否を判断する能力がない人がその答えを鵜呑みにして使うことであり，逆にAIを利用する場合の一番のポイントは，そのAIの答えから利用者が何を引き出し，どういう付加価値をつけられるか，というところにあろう。

　それよりも，執筆者側に求めたいのは，一本の論文の完成までの真摯な努力である。私は，第4部にも書いたように，たとえば卒業論文で味わうべき一番大事なことは，「ここまでできた」という達成感と，「ここまでしかできなかった」という残念な思いの，二つがないまぜになった感覚を味わっても

らうことにあると考えている。それが味わえるのは，最後まで独力で考え，
苦労した人だけなのではないだろうか。

(2) 巨匠のひと筆——論文の書き方につながる究極のポイント

　さて，最後に書くのは，法律の話ではなく絵画の話である。読者の皆さん
が誰でも知っているだろう，印象派の巨匠ルノワールは，人物画，ことに女
性を描いた作品を多数残している。その中でも，あどけない少女を描いたも
のに彼らしい秀作が多いと言えるだろう。そのルノワールの作品を「実物」
で見ていてわかったことを書いておきたい。

　私は，1992年からの半年間，パリのフランス国立東洋言語文明研究所（か
つてパリ大学東洋語学校と呼ばれていたところで，名称がInstitutなので研
究所と訳されているが，実質は単科大学，つまり国立外国語大学である）に
招聘教授として教えに行っていた。その折に何度も通ったオルセー美術館で，
印象派の展示室に入り浸っているうちに発見したことである。彼は，少女の
目の，瞳の部分を，絵の具を何重にも塗り重ねて描いているのだが，ある時
期から，その描き上げた瞳の中央に，2，3ミリの微細な白い絵の具の塊を，
塗るのではなく「乗せて」いる，あるいは「置いて」いるのである。

　これは初期の作品には見られない。いつから，ということまでは素人の私
は突き止めていないが，1870年代の終わりごろからの作品にみられるようで
ある[1]。もちろんその瞳に打たれた一点の白が，ルノワールの描く少女のあ
どけなさを一層引き立たせているのである。

　現代の学生諸君に言わせれば，「それって結局，少女漫画の瞳の星ですよね」
ということになるのかもしれない。しかし，何色もの絵具を使って丹念に描

---

1)　たとえば2013年に日本でも公開された米国クラーク美術館のルノワールコレクショ
　ンでいえば，1875〜76年頃の作品にはこの瞳の一点はまだ見られず，1879年制作と
　される「うちわを持つ少女」から後にはこれが存在する（ちなみにこの注は，本文
　第1部で説明した「補足の注」のつもりである）。

き上げた瞳に，最後の最後に白い微細な絵の具の塊を乗せる。その巨匠のひと筆とその意識を，私は自分の論文書きでも真似たいと思うし，読者の皆さんにもそれを勧めたいのである。

　つまり，これでいい，完成だ，と思った論文に，もう一度資料集めをして最後の加筆をする。そのことこそが，学問という，真実を，真理を掘り出す作業の本質ではないかと思うわけである。「論文の書き方」を教授することの真髄は，まさにその意識を植え付けるところにある。これが，本書の「はじめに」に書いておいた，「技法を超えた，論文創りの『ハート』までをつかんでほしい」ということなのである。

　完成した，と思ったところでさらにもうひと筆。まだ何か書けるのではないか，ともう一度の資料集めをして少しでも補足や修正をする。おそらく，いや，間違いなく，その最後のひと筆を付け加える意識が，二流と一流とを，そして一流と超一流とを分ける，と私は思っている。

　「自分はそんな一流の人間ではないし」，「たかが卒業論文だし」などと思っている読者の皆さんへ。先にも書いたように，たとえば卒業論文の究極の評価基準は，「自己表現」，「その人らしさ」なのである。ぜひ，あなただけの，あなたらしい「オンリーワン」の論文を仕上げていただきたい。この最後のもうひと筆の意識でレポートや論文を書く癖をつけていけば，それが「一流の学生」，「一流の社会人」への道につながると私は信じている。

　「巨匠のひと筆」を読者の皆さんに贈る最後の言葉として，本書を結びたい。

著　者　紹　介

池田　眞朗（いけだ・まさお）

【担当：はじめに，第1部，第4部，おわりに】

武蔵野大学法学研究所長，同大学院法学研究科長・教授，慶應義塾大学名誉教授。慶應義塾大学経済学部卒業，同大学院法学研究科博士課程修了，博士（法学）。専門は民法債権法および金融法。国連国際商取引法委員会（UNCITRAL）国際契約実務作業部会日本代表，日本学術会議法学委員長等を歴任。動産債権譲渡特例法，電子記録債権法の立案・立法に関与。

主著は，『債権譲渡の研究』（全5巻，弘文堂，最新刊は第5巻『債権譲渡と民法改正』，2022年），『ボワソナードとその民法』（慶應義塾大学出版会，初版2011年，増補完結版2021年），『SDGs・ESGとビジネス法務学』（編著，武蔵野大学出版会，2023年）等。

金　安妮（きん・あんに）

【担当：第2部，第3部】

武蔵野大学法学部准教授。慶應義塾大学法学部法律学科卒業，同大学大学院法学研究科後期博士課程単位取得退学。専門は，民法，中国法。

主著は，池田眞朗＝朱大明＝金安妮編著『中国電子商取引法の研究』（商事法務，2022年），金安妮「中国における民法総則の制定とグリーン原則の導入」片山直也＝北居功＝武川幸嗣＝北澤安紀編『民法と金融法の新時代』（池田眞朗先生古稀記念論文集）（慶應義塾大学出版会，2020年）645頁以下等。

法学系論文の書き方と文献検索引用法

2024年3月25日　初版発行

著　者　池田　眞朗
　　　　金　安妮
発行者　大坪克行
発行所　株式会社税務経理協会
　　　　〒161-0033 東京都新宿区下落合1丁目1番3号
　　　　http://www.zeikei.co.jp
　　　　03-6304-0505
印　刷　光栄印刷株式会社
製　本　牧製本印刷株式会社

本書についての
ご意見・ご感想はコチラ

http://www.zeikei.co.jp/contact/

ISBN 978-4-419-06977-3　C3030